LA VÉRITABLE HISTOIRE DE

Collection
dirigée
par
Jean Malye

DANS LA MÊME COLLECTION

Caligula
Textes réunis et présentés par Jean Malye

Périclès
Textes réunis et présentés par Jean Malye

Alexandre le Grand
Textes réunis et présentés par Jean Malye

Marc Aurèle
Textes réunis et présentés par Paméla Ramos

Alcibiade
Textes réunis et présentés par Claude Dupont

Constantin
Textes réunis et présentés par Pierre Maraval

Les héros spartiates
Textes réunis et présentés par Jean Malye

Le premier empereur de Chine
Textes réunis et présentés par Damien Chaussende

À PARAÎTRE

Tibère
Antoine et Cléopâtre
Julien
Thémistocle
Hannibal
Néron
Jules César
Cicéron
Auguste

LA VÉRITABLE
HISTOIRE
DE
POMPÉE

Textes réunis et commentés
par
Claude Dupont

LES BELLES LETTRES
2011

Dans le corps du texte, les textes en italiques sont de Claude Dupont et ceux en romains sont d'auteurs anciens, excepté pour les annexes.

Les dates s'entendent avant J.-C. sauf cas indiqués.

© 2011, *Société d'édition Les Belles Lettres*
95, *boulevard Raspail* 75006 *Paris.*
www.lesbelleslettres.com

ISBN : 978-2-251-04009-7

Malheur aux vaincus. Le 9 août 48, en pleine guerre civile, la bataille de Pharsale, qui marqua la prise du pouvoir par César après sa victoire sur Pompée, a tranché. À César les trompettes de la renommée, les éloges pour avoir compris le sens de l'Histoire. À Pompée, peu d'hommages, et des jugements sévères sur son manque de sens politique.

Pourtant, en ce Ier siècle qui, de Sylla à Auguste, modèle pour longtemps le destin de Rome, les dés hésitèrent à désigner le sort. Pompée, appelé « le Grand » dès ses vingt six ans, salué après sa mort par Cicéron comme le premier des Romains, avait un immense charisme et étincelait de dons. Seul dans l'Antiquité, il put être comparé à Alexandre pour l'ampleur de ses conquêtes et l'intelligence avec laquelle elles furent conduites.

Mais cet homme qui semblait dominer son temps, buta sur les circonstances. Dans un conflit décisif qui l'opposa à César, il ne fut l'homme d'aucun parti. Il n'incarna ni le parti populaire, vite acquis à ce dernier, ni le parti aristocratique, celui des sénateurs, qui le suivirent sans enthousiasme. Et puis, en cette période bouleversée, Pompée aspirait moins que César à un pouvoir personnel d'un type nouveau. Enfant gâté et prodige de la République, il admettait que, pour lui, on en bousculât les rites et les règles, mais pas nécessairement qu'on la renversât. Il se voyait davantage en primus inter pares, *le premier entre des égaux, qu'en dictateur. Enfin, l'adversaire de Pharsale* n'était pas un ennemi odieux. César avait été son allié, et aussi son beau père, le père de l'épouse qu'il avait sans doute le plus chérie.

Au soir de Pharsale, rien n'était définitivement perdu. Mais Pompée jeta l'éponge. Peut-être diminué par une maladie, peut-être gagné par la lassitude d'un combat dont aucune issue ne l'eût vraiment comblé. Pompée avait-il confusément perçu qu'il était appelé à quitter la scène en même temps que la République ?

Déjà était venu le terme de sa dernière heure ; emporté dans la barque de Pharos, il avait déjà perdu tout droit sur lui-même. Alors les monstrueux envoyés du roi se mettent à tirer le fer. À la vue de l'épée levée sur lui, il enveloppe son visage et sa tête, indigné de la présenter découverte à la Fortune ; puis il ferme les yeux et retient son souffle, de peur de laisser échapper quelques plaintes ou des larmes qui ternissent à jamais son renom. Mais sitôt que l'épée du sinistre Achillas lui a percé le flanc, sans gémir il consent au coup. [...]

Cependant Pompée, sous les coups sonores frappant son dos et sa poitrine, avait conservé la noble dignité de sa beauté auguste ; son visage ne marquait que de l'irritation contre les dieux ; les derniers instants n'avaient rien altéré de l'expression ni des traits du héros : c'est le témoignage de ceux qui virent sa tête tranchée. Car le cruel Septimius invente, dans l'accomplissement même du crime, un crime plus grand encore : il arrache le voile qui couvrait la face auguste de Pompée expirant, il saisit la tête qui palpite encore et place en travers sur un banc de rameur le cou qui s'affaisse. Alors il tranche muscles et veines, il brise les vertèbres, longuement ; ce n'était pas encore un art de couper une tête d'un coup circulaire de l'épée. Mais dès que la tête tombe séparée du tronc, l'envoyé du roi de Pharos revendique le droit de la porter de sa main. [...]

Une main la saisit et, sur une lance de Pharos, tandis que la face vit encore et que des râles agitent la bouche en un dernier murmure, tandis que les yeux encore dévoilés se figent, on plante cette tête qui, commandant la guerre, chassait toujours la paix ; c'est elle qui agitait les tribunaux, le Champ de Mars, la tribune ; c'est sur ces traits, ô Fortune de Rome, que tu te plaisais à te contempler. Ce n'est même pas assez pour l'infâme tyran d'avoir vu ce spectacle, il veut qu'il reste un témoignage du crime. Alors, par un art maudit, on enlève le pus de la tête, on vide la cervelle, on sèche la peau, et, quand on en a épuisé toute l'humeur corrompue, on y verse un suc qui raffermit la face.

Ainsi se termine, sous la plume imagée du poète Lucain, la course-poursuite entre César et Pompée, sur les rives d'Égypte, là où ce dernier venait chercher refuge.

La Pharsale, 8, 611-691

LA JEUNESSE

106-83

Cneius Pompeius est né le 19 septembre 106. la même année que Cicéron, dans le Picenum, l'actuelle province des Marches.

Au-delà des villes d'Ombrie situées entre Ariminum et Ancône s'étend le Picenum. Les Picentins ont émigré de la Sabine sous la conduite d'un pivert, qui aurait montré la route aux premiers chefs de leur nation. De là vient leur nom, car ils appellent cet oiseau, qui est pour eux l'oiseau sacré d'Arès, *picus*. Leur habitat commence aux montagnes et finit aux plaines et à la mer. Ils occupent donc un territoire développé en longueur plutôt qu'en largeur, propre à toutes les cultures, mais plus favorable aux arbres fruitiers qu'aux céréales. Sa largeur, entre les montagnes et la mer, est variable. Sa longueur, en suivant le littoral, du lit de l'Æsis[1] à Castrum,[2] est de 800 stades[3].

Strabon, *Géographie,* V, 4, 2

1. Fleuve qui prend sa source en Ombrie et qui se jette dans la mer Adriatique au Nord du Picenum.
2. Castrum Novum, ville du rivage Adriatique, au Sud du Picenum.
3. Près de 150 kilomètres.

Le père de Cn. Pompée était un citoyen en vue, qui avait joué un rôle de premier plan lors de la « guerre sociale »[4].

La diversité d'opérations auxquelles cette guerre devait donner lieu et la différence des localités firent penser au Sénat qu'il fallait donner ou associer aux consuls des lieutenants choisis parmi les plus distingués d'entre les citoyens. Il associa donc à Rutilius[5] Cneius Pompée (le père de celui qui fut depuis surnommé le Grand) Quintus Caepio, Caius Perpenna, Caius Marius et Valerius Messala.

Appien, *Les Guerres civiles à Rome*, 1, 5, 40

Il est de bonne famille aussi par sa mère.

Par sa mère Lucilia, il descendait d'une famille Sénatoriale[6].

Velleius Paterculus, *Histoire romaine*, 2, 29, 2

Il avait vraiment tout pour être populaire.

Il était remarquablement beau, non de cette beauté qui fait valoir la fleur de la jeunesse, mais en raison de cette gravité et de cette fermeté qui, en accord avec sa grandeur et sa fortune, l'accompagnèrent

---

4. Voir page 20.
5. Consul en 90.
6. Elle était la fille de M. Lucilius, frère du poète satirique (180-102).

jusqu'au dernier jour de sa vie ; d'une honnêteté exceptionnelle, d'une intégrité hors de pair, [...] il désirait ardemment un pouvoir qui lui serait accordé pour l'honorer sans qu'il ait à le prendre de force. C'était en temps de guerre un chef particulièrement expérimenté ; sous la toge, c'était un citoyen tout à fait modéré, sauf lorsqu'il craignait de trouver un égal. Solide en amitiés, pitoyable dans les offenses, très fidèle après la réconciliation et très accommodant dans l'acceptation des excuses, il ne poussa jamais, ou rarement, sa puissance jusqu'à la tyrannie ; il était presque totalement dépourvu de vices, si ce n'était pas le plus grand de tous que, dans une cité libre et maîtresse des nations, où tous les citoyens avaient mêmes droits, de ne pas pouvoir supporter que quelqu'un eût un rang égal au sien.

Velleius Paterculus, *Histoire romaine*, 2, 29, 2-3-4

Plutarque confirme

Pompée étant par nature tempérant et modéré dans ses désirs.

Plutarque, *Pompée*, 18, 3

Et souligne ses goûts simples.

Pompée lui-même, jusqu'à son troisième triomphe[7], se contenta d'une maison toute simple et modeste.

7. En 61.

C'est seulement plus tard, quand il eut élevé pour les Romains son splendide et célèbre théâtre, qu'il se fit bâtir, en annexe à ce monument, une maison de meilleure apparence que la première, mais qui, elle non plus, ne pouvait exciter l'envie, en sorte que celui qui en devint propriétaire après Pompée fut étonné en y entrant et demanda où dînait Pompée le Grand.

Plutarque, *Pompée*, 40, 8-9

Il avait des talents oratoires soulignés par un connaisseur.

Mon contemporain, Pompée, était un homme né pour toutes les grandes choses et il se serait fait dans l'éloquence un plus grand nom si l'ambition d'une plus grande gloire ne l'avait pas détourné vers les exploits de la guerre.

Cicéron, *Brutus*, 68, 239

Il était d'un physique avenant…

Alors qu'il était encore dans la fleur et la fraîcheur de la jeunesse, sa beauté laissait transparaître de bonne heure un caractère imposant et royal. Ses cheveux étaient légèrement relevés en arrière, et la vivacité mobile de ses yeux conférait à son visage une ressemblance plus vantée que réelle avec les portraits du roi Alexandre.

Plutarque, *Pompée,* 2, 1-2

... et il plaisait aux femmes.

On racontait que la courtisane Flora conservait jusque dans sa vieillesse un bon souvenir de sa liaison avec Pompée, et disait que, lorsqu'elle avait passé la nuit avec lui, elle ne le quittait jamais sans chagrin. Flora racontait aussi qu'un des familiers de Pompée, Geminius, s'étant épris d'elle, l'importunait de ses sollicitations ; elle repoussait ses avances à cause de Pompée ; alors Geminius en parla à Pompée, qui la lui céda, mais, à partir de ce moment, Pompée ne la toucha plus et cessa tout rapport avec elle, bien qu'il parût toujours l'aimer ; quant à elle, elle ne supporta pas cette rupture en courtisane et fut au contraire longtemps malade de chagrin et de regret. Or Flora, dit-on, avait tant de charme et était si renommée que Cæcilius Metellus, décorant de statues et de tableaux le temple de Castor et Pollux, fit peindre son portrait et l'y consacra pour sa beauté.

Plutarque, *Pompée*, 2, 5-8

S'il fut marié cinq fois, il apparut le plus souvent comme un mari aimant.

Il ne put échapper sur ce point au blâme de ses ennemis : on l'accusa de négliger et d'abandonner souvent les affaires publiques pour complaire aux femmes qu'il avait épousées.

Plutarque, *Pompée*, 2, 10

Ses qualités expliquent l'étonnante popularité qu'il conserva jusqu'à la fin.

Mais, jusque dans ces circonstances critiques[8], Pompée paraissait encore digne d'envie du fait de l'affection qu'on lui portait : en effet, si beaucoup réprouvaient sa manière de mener cette campagne, personne ne haïssait le général, et l'on aurait pu constater que ceux qui fuyaient par amour de la liberté étaient moins nombreux que ceux qui partaient parce qu'ils ne pouvaient se résoudre à abandonner Pompée.

Plutarque, Pompée, 61, 6-7

Pourtant on signale des zones d'ombre.

On trouva aussi qu'il insulta de façon inhumaine aux malheurs de Carbo[9]. Car, s'il était contraint, comme il le fut sans doute, de le mettre à mort, il fallait le faire aussitôt après l'avoir pris, et la responsabilité serait tombée sur celui qui en avait donné l'ordre ; mais, en faisant amener enchaîné pour le juger devant le tribunal, où lui-même siégeait, un Romain qui avait été trois fois consul[10], il souleva

---

8. Pendant la guerre civile entre Sylla et Marius ; voir page 19 et suivantes.

9. Partisan de Marius, Carbo avait été consul en 85, 84 et 82. Il avait en outre pris la défense de Pompée lors d'un procès. Pompée l'avait défait pendant la guerre civile entre Sylla et Marius en 81.

10. Sur les magistratures, voir p. 189 « L'exercice du pouvoir dans la république romaine ».

la colère et l'indignation de l'assistance ; après quoi il ordonna l'exécution. On dit qu'au moment où on l'emmenait, quand il vit l'épée tirée hors du fourreau, Carbo demanda un instant pour se retirer à l'écart et soulager son ventre qui le tourmentait. Caius Oppius[11], l'ami de César, rapporte que Pompée traita aussi Quintus Valerius avec la même inhumanité. Sachant que c'était un savant et un lettré comme il y en a peu, il le prit à part quand il lui fut amené, fit une promenade avec lui, l'interrogea sur ce qu'il désirait savoir et, une fois instruit, ordonna aussitôt à ses licteurs de l'emmener pour le tuer.

Plutarque, *Pompée*, 10, 4-5-6-7-8

À vingt-trois ans, il se marie une première fois.

À la mort de Strabo[12], Pompée eut à soutenir un procès contre l'accusation de vol de fonds publics intenté à son père. Ayant découvert qu'un des affranchis de Strabo, nommé Alexandre, était l'auteur de la plupart de ces détournements, il le dénonça aux magistrats. Mais lui-même fut accusé de posséder des filets de chasse et des livres provenant du butin fait à Asculum. Et, de fait, il avait bien reçu de son

---

11. Il est vrai qu'Oppius était un ami de César, dont Plutarque disait lui-même « qu'il ne faut le croire qu'avec beaucoup de circonspection ».

12. Il s'agit du père de Pompée.

père ces objets après la prise d'Asculum[13], mais il
les avait perdus lorsque les sbires de Cinna, à son
retour, avaient forcé et pillé sa maison. Au cours
des nombreuses escarmouches qui l'opposèrent à
son accusateur, il fit preuve d'une vive intelligence
et aussi d'une fermeté au-dessus de son âge, qui lui
valurent beaucoup de faveur et de réputation. C'est
au point que le préteur Antistius, qui présidait le
tribunal, se prit d'affection pour Pompée et voulut
lui donner sa fille en mariage ; il communiqua son
intention aux amis du jeune homme. Pompée accepta,
et les accordailles ne firent en secret.

Plutarque, *Pompée*, 4, 1-5

13. La prise d'Asculum par Strabo avait eu lieu lors de la
guerre sociale, voir page 21.

UNE ÉPOQUE
DE GUERRES CIVILES

91-81

Pendant plus d'un siècle, Rome va connaître les guerres civiles.

Depuis longtemps, une lutte des classes opposait patriciens et plébéiens. Au Ve siècle, une réforme institutionnelle établit un équilibre toujours menacé.

Dans une circonstance où l'on avait fait prendre les armes au peuple pour marcher contre l'ennemi de la République, il ne fit pas usage des armes qu'il avait à sa disposition, et il se retira sur le mont qui prit de là le nom de Sacré[1]. Là, sans se livrer à aucun acte de violence, il créa des magistrats spécialement destinés à veiller à la conservation de ses droits. Ces magistrats furent appelés tribuns du peuple. Leur principale attribution fut de mettre un frein à l'autorité des consuls choisis parmi les membres du Sénat et d'empêcher qu'ils n'exerçassent un pouvoir absolu dans la République. Dès lors les magistratures furent séparées par des sentiments encore plus vifs

1. En 496, les soldats plébéiens avaient refusé d'obéir et s'étaient cantonnés, pour certains, sur le mont Sacré, pour d'autres, sur l'Aventin.

de haine et de rivalité, et le Sénat et le peuple[2] se les répartirent, chacun des deux avec l'idée que l'avantage pour le nombre des magistrats lui assurerait la supériorité sur ceux de l'autre parti.

Appien, *Les Guerres civiles à Rome*, 1, Prologue

Les affrontements vont se multiplier. Après les réformes des Gracques et les luttes violentes qu'elles provoquent ce sont les peuples italiques, alliés de Rome, qui se soulèvent pour obtenir la citoyenneté romaine. Ce sera la « guerre sociale[3] », de 91 à 88.

On peut l'appeler guerre sociale, pour en atténuer le caractère odieux, mais – à vrai dire – ce fut une guerre civile. Le peuple romain, s'étant en effet mêlé aux Étrusques, aux Latins et aux Sabins, tire son origine d'un sang commun à celui de tous ces peuples ; son corps étant composé de leurs membres, c'est à eux tous qu'il doit son unité. Aussi n'était-il pas moins scandaleux de voir les alliés se révolter en Italie que les citoyens à l'intérieur de la Ville. C'est pourquoi, comme les alliés demandaient en toute justice à jouir des droits d'une cité qui devait son accroissement à leurs forces – espoir que, pour assouvir son désir de domination, Drusus[4] avait soulevé en

---

2. Voir p. 195 « Les classes sociales à Rome ».

3. En latin, « socius » signifie « allié ».

4. Marcus Livius Drusus, tribun de la plèbe, assassiné en 91, avait fait espérer aux alliés italiques de Rome qu'ils pourraient bénéficier de la citoyenneté romaine.

eux –, quand celui-ci fut tombé, victime du crime de ses concitoyens, la même torche qui avait allumé son bûcher enflamma chez les alliés le désir de prendre les armes et d'enlever Rome d'assaut. Quoi de plus funeste que cette calamité ? Quoi de plus désastreux ? Tout le Latium et le Picenum, toute l'Étrurie et la Campanie, l'Italie enfin, se soulevaient contre Rome, leur mère et leur nourrice.

Florus, *Abrégé d'histoire romaine*, 2, 6, 1-5

Dans cette guerre, le père de Pompée, Cn. Pompeius Strabo, devient l'un des principaux généraux romains.

Mais la grande Fortune du peuple romain, toujours plus grande encore dans l'adversité, se rétablit une fois de plus dans toute sa vigueur. On attaqua tous les peuples l'un après l'autre : Caton disperse les Étrusques ; Gabinius, les Marses ; Carbon, les Lucaniens ; Sylla, les Samnites. Pompeius Strabo, opérant par les flammes et par le fer une dévastation générale, ne mit fin aux massacres qu'après avoir détruit Asculum[5] et offert ainsi aux mânes de tant d'armées et de consuls et aux dieux de tant de villes pillées, un sacrifice capable tout au moins de les apaiser.

Florus, *Abrégé d'histoire romaine*, 2, 6, 13-14

5. Ville de Picenum, dont la prise fut une des victoires décisives des Romains.

Strabo obtient le triomphe et est élu consul en 89. Mais une autre guerre civile va éclater.

Un remarquable chef de guerre émerge : Marius.

Il était né de parents tout à fait obscurs, travailleurs manuels et pauvres. Son père s'appelait Marius comme lui ; et sa mère, Fulcinia. Il ne vit Rome et n'en connut les distractions qu'assez tard. Auparavant, il vivait à Cereatae, bourg du territoire d'Arpinum[6]. L'existence qu'il y menait, en comparaison du raffinement et de l'élégance des citadins, était assez grossière, mais frugale et conforme à l'ancienne éducation romaine. Il fit ses premières armes contre les Celtibères[7], à l'époque où Scipion l'Africain[8] assiégeait Numance. Le général vit tout de suite qu'il l'emportait en courage sur les autres jeunes gens et qu'il acceptait très aisément le changement de régime que Scipion introduisit dans les armées, gâtées par la mollesse et par le luxe. On dit aussi qu'étant aux prises avec un ennemi il l'avait terrassé sous les yeux du général. Aussi reçut-il de Scipion plusieurs marques d'honneur.

Plutarque, *Marius*, 3, 1-4.

6. Ville de Latium, qui verra aussi naître Cicéron. Marius y naquit en 156.

7. Peuple du Nord de l'Espagne.

8. Scipion dit le Second Africain, petit-fils du vainqueur d'Hannibal, détruisit Carthage en 146, puis Numance, en Espagne, en 133.

Envoyé en Afrique, il acquiert une immense popularité auprès de ses soldats.

Supportant toutes les incommodités de la guerre, il ne reculait pas devant les tâches importantes, ni ne dédaignait les petites. Il se montrait supérieur à ses égaux par sa prudence et sa faculté de prévoir les mesures utiles, et rivalisait avec les soldats de frugalité et d'endurance, ce qui lui valut parmi eux une grande popularité. Généralement ceux qui peinent éprouvent du soulagement à voir les autres partager volontairement leurs fatigues ; il leur semble qu'ainsi la contrainte disparaisse. Aussi était-ce un spectacle très agréable pour le soldat romain quand un général mangeait le même pain que lui, couchait sur une simple jonchée de feuilles et mettait la main avec lui à l'ouverture d'une tranchée ou à la construction d'un parapet. Le soldat admire moins les chefs qui lui donnent sa part des honneurs et de l'argent que ceux qui prennent leur part avec lui du travail et du danger, et il aime mieux ceux qui peinent volontairement avec lui que ceux qui lui permettent de ne rien faire. En agissant toujours ainsi et en gagnant par ces moyens la faveur des soldats, Marius eut tôt fait de remplir de son nom et de sa gloire la Libye et Rome même, car les hommes en campagne écrivaient chez eux qu'il n'y aurait point d'issue ni de terme à la guerre contre le barbare à moins d'élire C. Marius consul.

Plutarque, *Marius*, 7, 3-5

Contre tous les usages, il est sept fois consul et anéantit la redoutable invasion des Cimbres et des Teutons (102-101).

Les Teutons exterminés, on se tourne contre les Cimbres. [...] Leurs redoutables bataillons eussent aussitôt marché sur Rome, le danger eût été grand ; mais, dans la Vénétie, la plus délicieuse peut-être des régions de l'Italie, la douce influence du sol et du ciel énerva leurs forces. Ils s'amollirent encore par l'usage du pain, de la viande cuite et des vins exquis. C'est dans cette conjoncture que Marius les attaqua. Eux-mêmes demandèrent à notre général de fixer le jour du combat ; il leur assigna le lendemain. La bataille se donna dans une très vaste plaine, appelée le champ Raudien. Il périt, d'un côté, jusqu'à soixante mille hommes ; il y eut, de l'autre, moins de trois cents morts.

Florus, *Abrégé d'histoire romaine*, 1, 38

Or, en 89, en Orient, une guerre s'embrase, à l'instigation de Mithridate.

À peu près à cette époque, le roi du Pont, Mithridate, un homme à propos duquel l'on ne saurait ni se taire ni parler sans circonspection, très ardent à la guerre, d'une valeur personnelle tout à fait remarquable, le plus grand parfois par la fortune, toujours par le courage, un chef dans la décision, un soldat dans l'action, un Hannibal par la haine qu'il portait aux Romains, s'empara de l'Asie[9] et y fit massacrer tous les citoyens romains.

Velleius Paterculus, *Histoire romaine*, 2, 18

À Rome, Sylla, qui fut lieutenant de Marius, rêve d'être chargé de l'expédition…

Aux yeux de Sylla, le consulat ne comptait guère en comparaison de ses projets d'avenir : il avait l'esprit obsédé par la guerre contre Mithridate.

Plutarque, *Sylla*, 7, 1

… mais il n'est pas le seul.

D'un autre côté, Marius, qui pensait que cette guerre était aussi facile que lucrative, et qui désirait en être chargé, engagea par de grandes promesses le tribun Publius Sulpicius à le servir dans ce dessein.

Appien, *Les Guerres civiles à Rome*, 1, 7, 55

La manœuvre réussit.

Sulpicius, aussitôt qu'il eut obtenu la révocation du *iustitium*[10] et qu'il se vit favorisé d'ailleurs par l'absence de Sylla, fit passer sa loi et donner incontinent à Marius le commandement de la guerre contre

9. Il s'agit de la province romaine dite d'Asie.
10. Un *iustitium* est une proclamation des consuls qui consiste en un arrêt provisoire de toute activité judiciaire et législative.

Mithridate, à la place de Sylla ; ce qui était l'objet de toutes ses manœuvres.

Appien, *Les Guerres civiles à Rome*, 1, 7, 56

Sylla réagit et intervient avec ses troupes. Strabo est à ses côtés.

Sylla s'empara de la porte Esquiline et des murs qui l'avoisinaient. Pompée[11], avec une autre légion, s'empara de la porte Colline. Une troisième légion occupa le pont de bois[12], et une quatrième fut postée en réserve auprès des murailles. Sylla entra dans la Ville à la tête des deux autres, avec l'allure et le comportement d'un ennemi. Les citoyens l'assaillirent sur son passage du haut de leurs maisons, jusqu'à ce qu'il les eût menacés d'incendier les maisons. Ils cessèrent alors. Marius et Sulpicius marchèrent contre lui avec le peu de monde qu'ils avaient armé à la hâte. Ils le rencontrèrent au marché Esquilin. Ce fut là que s'engagea le premier combat de citoyen à citoyen, à l'intérieur de Rome. Ce n'était plus s'attaquer sous des formes séditieuses ; c'était ouvertement, au bruit des trompettes et enseignes déployées, comme en plein champ de bataille. C'est à cet excès que furent portés les maux de la République, faute d'avoir mis bon ordre aux séditions antérieures.

Appien, *Les Guerres civiles à Rome,* 1, 7, 58

11. Strabo
12. Le pont Sublicius, face au Forum Boarium.

Un précédent est ainsi créé.

Ce fut ainsi qu'au milieu de ces séditions, des rixes et des querelles, on en vint aux meurtres, et des meurtres, à des guerres proprement dites. Cette armée de citoyens fut la première qui entra dans Rome comme dans une ville ennemie. Depuis cet événement, on ne cessa point de voir intervenir les légions dans les débats des séditieux. Rome fut désormais continuellement livrée à des invasions, à des combats devant ses murs, à toutes les autres calamités de la guerre, sans que nulle pudeur, nul respect pour les lois, pour la République, pour la patrie, en imposassent à ceux qui faisaient usage de la violence. Cependant on fit, par décret public, déclarer ennemis du peuple romain Sulpicius, qui était encore tribun, Marius, qui avait été six fois consul, le fils de Marius, Publius Cethegus, Junius Brutus, Cneius et Quintus Granius, Publius Albinovanus, Marcus Laetorius, et quelques autres, au nombre de douze en tout, qui s'étaient sauvés avec Marius.

Appien, *Les Guerres civiles à Rome*, 1, 7, 60

Sylla et Strabo incarnent une politique résolument conservatrice.

Dès le point du jour, ils[13] convoquèrent une assemblée du peuple. Ils déplorèrent la condition de la

13. Pompée et Strabo, le père de Cn. Pompée.

République, qui, depuis longtemps, était livrée à l'influence des démagogues ; et ils s'excusèrent de ce qu'ils venaient de faire, sous l'empire de la nécessité. Ils firent régler qu'à l'avenir nul projet de loi ne serait présenté au peuple avant que d'avoir été agréé par le Sénat[14], règlement qui avait anciennement existé et qu'on avait depuis longtemps laissé tomber en désuétude. Ils firent statuer également que, dans les élections, on voterait, non point par tribus, mais par centuries[15], ainsi que le roi Tullus Hostilius l'avait établi. Ils s'imaginèrent que, de ces deux mesures, il résulterait que nulle loi ne serait présentée au peuple qu'elle n'eût préalablement été admise par le Sénat ; et que, dans les élections, l'influence étant transférée des citoyens les plus pauvres et les plus audacieux à ceux qui avaient de la fortune et de la prudence, il n'y aurait plus de ferment de sédition. Après avoir ainsi atténué la puissance des tribuns, laquelle avait vraiment dégénéré en une sorte de despotisme, ils recrutèrent le Sénat[16], réduit à un très petit nombre, et, pour cette raison, beaucoup déchu de sa consi-

14. À l'origine, la ratification du Sénat était nécessaire pour toute proposition soumise au peuple. Mais cette délibération préalable fut supprimée en 339.

15. Dans les comices centuriates, les citoyens étaient regroupés selon leurs revenus, ce qui avantageait les plus fortunés.

16. Après la réforme de Sylla, le Sénat comptait six cents membres.

dération. Ils y firent entrer trois cents des citoyens
choisis parmi les plus conservateurs.

Appien, Les Guerres civiles à Rome, 1, 7, 59

*Sylla part pour l'Orient. En 87, Cornelius Cinna,
consul, adversaire de Sylla, rappelle Marius, exilé.*

Son[17] parti avait besoin d'autorité et de crédit ;
pour les augmenter, il rappela d'exil C. Marius ainsi
que son fils et tous ceux qui avaient été bannis en
même temps qu'eux.

Velleius Paterculus, Histoire romaine, 2, 20, 5

Marius et Cinna instaurent une dictature sanglante.

Ils levèrent la séance et se mirent en marche vers
Rome.

Cinna y entra, entouré de ses gardes, tandis que
Marius s'arrêtait à la porte et disait avec une ironie
mêlée de colère qu'il était exilé et exclu de sa patrie
en vertu de la loi et que, si l'on désirait sa présence,
il fallait abroger par un autre vote celui qui l'avait
chassé, comme s'il était vraiment un homme soumis
aux lois et rentrant dans une ville libre ! Il fit donc
convoquer le peuple au Forum, mais, avant que
trois ou quatre tribus eussent apporté leur vote, il
jeta le masque, renonça à légitimer son rappel et
fit son entrée dans la Ville, escorté de gardes qu'il

---

17. Celui de Cinna.

avait choisis parmi les esclaves venus à lui. Ceux-ci
massacrèrent un grand nombre de personnes sur un
mot ou sur un simple signe de Marius, qui était pour
eux un ordre. Enfin, comme Ancharius, sénateur
et ancien préteur, était venu trouver Marius et que
celui-ci ne répondait pas à son salut, ils l'abattirent
devant lui, en le frappant de leurs épées. Dès lors,
toutes les fois qu'un homme se présentait à lui, s'il
ne lui adressait pas la parole et ne lui rendait pas
son salut, c'était une indication suffisante pour qu'il
fût aussitôt égorgé en pleine rue. Aussi ses amis
eux-mêmes étaient-ils saisis de terreur et d'effroi
chaque fois qu'ils s'approchaient de lui pour le saluer.
Après tant de meurtres, Cinna, rassasié de carnage,
se radoucit. Mais Marius, dont la colère et la soif de
vengeance renaissaient chaque jour, continuait à se
déchaîner contre tous ceux qui lui étaient suspects
pour n'importe quelle raison.

Plutarque, Marius, 43, 1-7

*Pour écarter Marius , le Sénat compte sur Strabo, qui
tergiverse.*

Pendant que Cinna portait la guerre contre sa
patrie, Cn. Pompée, père du grand Pompée, , ainsi
que nous l'avons dit précédemment, avait apporté à
la République, pendant la guerre contre les Marses,
l'appui de ses exploits, principalement dans la région
du Picenum, et s'était emparé d'Asculum, ville devant

laquelle, malgré la dispersion de nos forces dans beaucoup d'autres régions, soixante-quinze mille citoyens romains avaient affronté en une même journée plus de soixante mille Italiens ; frustré dans son espoir de se maintenir au consulat, il se montra hésitant et neutre entre les partis, suivant en toutes choses son intérêt personnel et semblant épier les occasions, prêt à se porter avec son armée là où il verrait pour lui le plus grand espoir de puissance.

Velleius Paterculus, *Histoire romaine*, 2, 21, 1-2

Mais Strabo meurt brutalement, sans être vraiment regretté.

La peste s'étant après cela attaquée aux deux armées comme si elles n'étaient pas suffisamment épuisées par la guerre, Cn. Pompée mourut. La joie que causa sa disparition compensa presque la douleur que provoqua la perte des soldats tués par le fer ou la maladie. La colère que le peuple romain aurait dû exprimer contre lui de son vivant, il la manifesta contre son cadavre.

Velleius Paterculus, *Histoire romaine*, 2, 21, 4

Sylla revient en Italie, en 83.

Le retour de Sylla combla les vœux de la plupart des Romains, qui, en raison de maux présents, considéraient même un changement de maître comme un grand bien. Les malheurs de la Ville les avaient amené à désespérer de la liberté et à ne souhaiter qu'une servitude plus supportable.

Plutarque, *Pompée*, 5, 4-5

Au cours de ces conflits, Strabo avait appelé auprès de lui son fils.

Or qui jamais, mieux que Pompée, posséda ou dut posséder les connaissances militaires, lui qui, au sortir de l'école et des études de l'enfance, dans une guerre formidable contre des ennemis acharnés, alla rejoindre l'armée de son père et faire l'apprentissage des armes ?

Cicéron, *Sur les pouvoirs de Pompée*, 10, 28

Pompée d'ailleurs, l'avait échappé belle.

Comme il était encore un tout jeune homme[18] et servait sous les ordres de son père contre Cinna, il avait pour camarade et compagnon de tente un certain Lucius Terentius. Celui-ci fut acheté par Cinna et devait tuer Pompée, tandis que d'autres mettraient le feu à la tente du général[19]. On dénonça le complot à Pompée pendant son dîner. Il ne manifesta aucun trouble et même but avec plus d'entrain que d'habitude en adressant à Terentius des paroles aimables. Puis, quand on alla se coucher, il se glissa hors de sa

18. Il avait 19 ans.
19. Il s'agit de Strabo.

tente sans être aperçu, plaça une garde autour de celle de son père, et ensuite se tint tranquille. Terentius, quand il jugea le moment venu, se leva, tira son épée et, s'approchant du lit de Pompée qu'il croyait couché, porta plusieurs coups dans les couvertures. Il se fit alors un grand soulèvement provoqué par la haine qu'on portait au général ; les soldats, s'apprêtant à déserter, arrachaient les tentes et emportaient les armes. Le général, effrayé par ce tumulte, ne se montra pas, mais Pompée, se plaçant au milieu des soldats, les suppliait en pleurant. Finalement il se jeta le visage contre terre devant la porte du camp et, couché en travers, les larmes aux yeux, il criait à ceux qui voulaient sortir de le fouler aux pieds, si bien que chacun reculait, saisi de honte et que tous, à l'exception de huit cents hommes, changèrent d'attitude et se réconcilièrent avec leur général.

Plutarque, *Pompée*, 3

LIEUTENANT DE SYLLA

83-78

À vingt-trois ans, rejoignant Sylla à son retour d'Orient, Pompée met sur pied trois légions.

Pompée séjournait alors dans le Picenum, région d'Italie où il avait des propriétés et où il se plaisait surtout à cause des relations étroites et amicales qui, de père en fils, unissaient sa famille aux villes de ce pays. Voyant les plus illustres et les meilleurs des citoyens abandonner leurs foyers pour accourir de tous côtés vers le camp de Sylla, comme vers un port de salut, il ne crut pas, lui, devoir s'y rendre à la façon d'un esclave fugitif ou d'un homme qui ne paye pas son écot et qui mendie un secours ; il voulut y arriver glorieusement, en rendant service le premier et en amenant une armée [...] ; les autres se joignirent à lui de bonne grâce, si bien qu'en peu de temps il eut levé trois légions complètes. S'étant procuré aussi des vivres, des bagages, des chariots et tout le reste du matériel nécessaire, il conduisit ses troupes à Sylla, sans se presser et sans chercher à se cacher.

Plutarque, *Pompée*, 6, 2 et 5

C'est la confirmation d'un début de carrière hors du commun…

..lui qui, à peine sorti de l'enfance, fut soldat sous un général éminent ; lui qui, dès le début de son adolescence, fut lui-même le commandant en chef d'une armée considérable ?

Cicéron, *Sur les pouvoirs de Pompée*, 10, 28

Il remporte un brillant succès.

Trois généraux ennemis se dressèrent contre lui : Carrinas, Coelius et Brutus[1]. Ils ne l'attaquèrent pas tous ensemble et de face : ils l'encerclèrent avec leurs trois armées, afin de s'emparer de lui. Loin de se laisser effrayer, Pompée réunit toutes ses forces et fondit sur l'un de ces corps d'armée, celui de Brutus. Sa cavalerie, qu'il commandait lui-même, allait en tête. Du côté des ennemis, les cavaliers gaulois s'élancèrent à sa rencontre. Il devança les coups du premier et du plus fort d'entre eux, le frappa de près avec sa lance et l'abattit. Les autres tournèrent le dos et jetèrent ainsi le désordre dans l'infanterie, de sorte que la déroute devint générale. À la suite de cet échec, les généraux se disputèrent, et chacun d'eux fit retraite au petit bonheur. Les villes se rendirent à Pompée, estimant que c'était la peur qui avait dispersé ses ennemis. Le consul Scipio[2] marcha à son tour contre lui, mais,

1. Ce sont trois généraux partisans de Marius.
2. L. Cornelius Scipio Asiaticus fut consul en 83.

avant que les armées fussent à portée de javelot, les soldats de Scipio firent des signes d'amitié à ceux de Pompée et passèrent de leur côté ; Scipio s'enfuit. Enfin Carbo détacha contre lui plusieurs escadrons de cavalerie sur les bords de l'Aesis. Pompée leur résista vigoureusement, les mit en déroute et en les poursuivant les refoula tous dans des lieux difficiles et impraticables aux chevaux. Là, se voyant sans espoir de salut, ils se remirent entre ses mains avec leurs armes et leurs montures.

Plutarque, *Pompée*, 7

Un bel hommage lui est rendu.

Sylla d'abord n'avait pas été informé de ces événements, mais les premiers échos, les premières nouvelles qu'il en reçut lui firent craindre pour Pompée, qui se démenait contre tant de si grands généraux ennemis, et il marcha à son secours. Pompée, apprenant qu'il approchait, ordonna à ses officiers d'équiper l'armée de toutes pièces et de la disposer de manière qu'elle parût très belle et brillante au général en chef, car il espérait de lui de grands honneurs ; il en obtint de plus grands encore. En effet, dès que Sylla le vit s'avancer avec une armée admirable, formée d'une foule de braves qui se montraient fiers et joyeux de leurs succès, il sauta à bas de son cheval et, après avoir été salué, comme il était naturel, du titre d'*imperator*[3],

---

3. L'*imperator* est le général en chef.

il salua Pompée en retour du même nom, alors que
personne ne se serait attendu à le voir partager avec
un homme jeune et qui n'était pas encore sénateur
ce titre pour lequel il faisait la guerre aux Scipio et
aux Marius. La suite ne démentit pas ces premiers
témoignages d'amitié : il se levait à l'approche de
Pompée et ramenait son manteau en arrière de sa
tête, ce qu'on le voyait rarement faire pour un autre,
bien qu'il eût autour de lui beaucoup d'hommes
d'un grand mérite.

Plutarque, *Pompée*, 8, 1-4

*Victorieux, Sylla impose une dictature aussi sanguinaire
que celle de Marius.*

Sylla proscrivit aussitôt après quatre-vingts
citoyens, sans en avoir rien communiqué à aucun
des magistrats. Comme il vit que l'indignation était
générale, il laissa passer un jour, puis il en proscrivit
deux cent vingt autres, et, le lendemain, un pareil
nombre. Ayant ensuite harangué le peuple, il dit qu'il
avait proscrit tous ceux dont il s'était souvenu ; et
que ceux qu'il avait oubliés, il les proscrirait à mesure
qu'ils se présenteraient à sa mémoire. Il proscrivait
ceux qui avaient reçu et sauvé un proscrit, punissant
de mort cet acte d'humanité, sans en excepter un
frère, un fils ou un père. Le meurtrier recevait deux
talents pour salaire de l'homicide, fût-ce un esclave
qui eût tué son maître, ou un fils son père. Mais ce

qui parut le comble de l'injustice, c'est qu'il nota d'infamie les fils et les petits-fils des proscrits, et qu'il confisqua leurs biens.

Plutarque, *Sylla,* 31, 5-8

En 81, Sylla envoie Pompée en Libye combattre les dernières armées marianistes.

Tandis qu'il réglait ainsi les affaires de Sicile, il reçut un décret du Sénat et une lettre de Sylla lui ordonnant de passer en Libye pour y combattre en force contre Domitius[4] : celui-ci avait rassemblé une armée beaucoup plus nombreuse que celle qu'avait Marius lorsque naguère, passant de Libye en Italie, il avait provoqué la révolution qui l'avait transformé d'exilé en tyran. Pompée fit rapidement ses préparatifs, laissa en Sicile comme gouverneur Memmius, le mari de sa sœur, et prit lui-même la mer avec cent vingt vaisseaux de guerre et huit cents transports, chargés de vivres, d'armes, d'argent et de machines.

Plutarque, *Pompée*, 11, 1-2

Pompée les écrase.

Domitius rangea ses troupes en bataille face à Pompée, derrière un ravin rocailleux et difficile à traverser. Mais, comme une pluie violente accompagnée

---

4. Domitius Ahenobarbus, gendre de Cinna.

de vent tombait depuis le lever du jour et qu'elle persistait, il renonça à combattre ce jour-là et ordonna la retraite. Pompée, au contraire, saisissant l'occasion, s'avança promptement et traversa le ravin. Les ennemis, par suite du désordre et de la confusion où ils se trouvaient, ne soutinrent pas tous ni également le choc, et les tourbillons du vent leur envoyaient l'averse en pleine figure. Cependant l'ouragan gênait aussi les Romains : ils ne se voyaient pas distinctement les uns les autres, et Pompée lui-même, faute d'être reconnu, faillit périr pour avoir tardé à répondre à un soldat qui lui demandait le mot d'ordre. Enfin ses troupes enfoncèrent les ennemis, en firent un grand carnage (on dit que sur vingt mille hommes trois mille seulement en réchappèrent) et saluèrent Pompée du titre d'*imperator*.

Plutarque, *Pompée*, 12, 1-4

Sylla lui ordonne de licencier son armée.

À son retour à Utique, on lui remit une lettre de Sylla, qui lui ordonnait de licencier son armée à l'exception d'une légion, avec laquelle il devait attendre sur place son successeur. Il en fut vivement affecté, mais dissimula sa peine ; ses soldats, au contraire, ne cachèrent pas leur indignation. Ils prièrent Pompée de se montrer, et, tout en insultant Sylla, ils déclarèrent qu'ils ne le laisseraient pas seul et ne lui permettaient pas de se fier au tyran.

Tout d'abord Pompée essaya de les adoucir et de les calmer, mais, ne parvenant pas à les persuader, il descendit de son tribunal et rentra sous sa tente, les yeux pleins de larmes. Ils allèrent le chercher à nouveau et le ramenèrent à son tribunal. Une grande partie du jour s'écoula ainsi, eux le pressant de rester en gardant le commandement, lui leur demandant d'obéir et de ne pas se révolter. À la fin, comme ils ne cessaient pas de le supplier avec des cris, il jura qu'il se tuerait plutôt que de subir leur contrainte, et c'est ainsi qu'à grand-peine il les apaisa.

Plutarque, *Pompée*, 13, 1-4

Pompée transgresse les ordres de Sylla... et s'en trouve bien.

La première nouvelle parvenue à Sylla fut que Pompée avait fait défection, et il dit à ses amis :

— Décidément, mon destin est de combattre, vieux comme je suis, contre des enfants !

Il songeait au jeune Marius[5] qui lui avait donné tant de mal et lui avait fait courir les plus extrêmes dangers. Mais, quand il apprit la vérité et sut que tout le monde se portait au-devant de Pompée avec enthousiasme et lui faisait cortège, il se hâta d'enchérir sur les autres. Il sortit à sa rencontre, l'accueillit avec le plus grand empressement possible, le salua à

---

5. Le fils de Marius qu'il dut affronter pendant la guerre civile.

haute voix du nom de *Magnus* et ordonna à l'assistance de faire de même. Or *Magnus* signifie : grand.

Plutarque, *Sylla*, 13, 5-7

Pompée, à vingt-cinq ans, va jusqu'à exiger le triomphe.

Pompée demanda alors le triomphe[6]. Sylla s'y oppose, parce que la loi accorde cet honneur seulement à un consul ou à un préteur et à nul autre. C'est pour cette raison que le premier Scipion, qui avait remporté en Espagne sur les Carthaginois de plus grandes et plus glorieuses victoires, n'avait pas demandé le triomphe, n'étant ni consul ni préteur[7] ; si Pompée, encore presque imberbe, entrait dans la Ville en triomphateur, alors qu'il n'avait pas atteint l'âge d'être sénateur, l'autorité de Sylla et l'honneur accordé à Pompée paraîtraient tout à fait odieux. Voilà ce qu'il dit à Pompée, et il ajouta qu'il ne lui permettrait pas de triompher, qu'il s'y opposerait et qu'il réprimerait son ambition s'il désobéissait. Mais Pompée ne se laissa pas intimider. Il pria Sylla d'observer que le soleil levant a plus d'adorateurs que le soleil couchant, voulant ainsi lui donner à entendre que sa puissance à lui grandissait tandis

---

6. Défilé solennel en l'honneur d'un général romain ayant obtenu une grande victoire.

7. Scipion l'Africain, vainqueur d'Hannibal à Zama (202).

que celle de Sylla diminuait et déclinait. Sylla, sur le moment, ne saisit pas ce propos, mais, voyant à l'attitude et à la physionomie de ceux qui l'avaient entendu, qu'il les avait plongés dans l'étonnement, il leur demanda de le lui répéter. Quand il sut ce que Pompée avait dit, Sylla, stupéfait d'une telle audace, cria deux fois de suite :

– Qu'il triomphe !

Plutarque, *Pompée*, 14, 1-5

En 79, Pompée prend même parti pour Lepidus, candidat au consulat et violemment anti-Sylla comme le montre cet extrait d'un de ses discours..

À présent ce n'est plus tant l'opinion que vous avez de lui[8] que votre manque d'audace que je redoute. Je crains qu'en attendant tous que l'un de vous donne l'exemple vous ne vous laissiez surprendre non par ses forces, qui sont fragiles et bien entamées, mais par votre inertie, grâce à laquelle on peut mettre tout au pillage, et sembler devoir à son bonheur ce qu'on ne doit qu'à son audace. Car, sauf quelques satellites souillés de crimes, qui est de son parti ? [...] Pourquoi donc marche-t-il avec un si nombreux cortège, et avec tant d'assurance ? C'est que la prospérité est pour les vices un voile merveilleux ; mais

8. De Sylla.

qu'elle vienne soudain à s'écrouler, autant il était craint auparavant, autant il sera méprisé.

Salluste, *Histoires,* 1, 55M (20-21, 24)
« Discours de Lepidus au peuple romain contre Sylla »

Pourtant Pompée n'a pas toujours tenu tête à Sylla, notamment dans sa vie privée.

En ce qui concernait Pompée, Sylla, plein d'admiration pour sa valeur et persuadé qu'il serait très utile à ses desseins, voulut à tout prix se l'attacher par un lien de parenté. Sa femme Metella, qui était d'accord, et lui-même décidèrent Pompée à se séparer d'Antistia et à épouser Æmilia, belle-fille de Sylla, née de Metella et de Scaurus[9], qui était déjà mariée et se trouvait alors enceinte. C'était là un acte de tyran, plus conforme aux intérêts de Sylla qu'aux mœurs de Pompée, que d'amener dans la maison de celui-ci Æmilia enceinte des œuvres d'un autre homme, et d'en chasser indignement et sans pitié Antistia, d'autant plus qu'elle venait d'être privée de son père à cause de son mari. En effet, Antistius avait été égorgé dans le Sénat parce qu'on le croyait du parti de Sylla à cause de Pompée. La mère d'Antistia, témoin de ces malheurs, abandonna volontairement la vie, en sorte que ce suicide s'ajouta à la tragédie

9. M. Aemilius Scaurus, consul en 115, avait été le premier mari de Metella.

du mariage, sans compter qu'Æmilia mourut bientôt en couches dans la maison de Pompée.

Plutarque, *Pompée*, 9

Dans des circonstances identiques, la comparaison joue en faveur de César.

Cornelia était la fille de Cinna, qui exerça le pouvoir absolu. Sylla, quand il fut devenu le maître, ne put ni par ses promesses, ni par ses menaces amener César à la répudier ; alors il confisqua sa dot.

Plutarque, *César*, 1, 1

En 79, coup de théâtre : Sylla abandonne de lui-même le pouvoir.

L'année suivante[10], le peuple continua d'aduler Sylla et le nomma consul encore une fois. Mais il ne voulut point accepter ; il désigna pour le consulat Servilius Isauricus et Claudius Pulcher ; quant à lui, de lui-même, sans nul motif de contrainte, il abdiqua la dictature. J'avoue que, encore une fois, Sylla provoque mon étonnement en ayant été le premier et le seul jusque-là à abdiquer un si grand pouvoir, sans y être poussé par personne, et non pas en faveur de ses enfants [...], mais en faveur de ceux-là même contre lesquels il avait exercé sa tyrannie.

Appien, *Les Guerres civiles à Rome*, 1, 12, 103

10. En 79.

Malgré certains désaccords, Pompée restera fidèle à Sylla jusqu'au bout.

La preuve la plus évidente que Sylla n'était plus bien disposé pour Pompée, c'est le testament qu'il rédigea. Il laissa des legs à tous ses autres amis et institua des tuteurs pour son fils, mais il passa complètement Pompée sous silence. Celui-ci pourtant supporta cet oubli avec beaucoup de modération et d'habileté politique : Lepidus et quelques autres s'opposant à ce qu'on enterrât le dictateur au Champ de Mars et qu'on lui fît des funérailles publiques, Pompée intervint et assura à la fois le calme et la grandeur des obsèques.

Plutarque, *Pompée*, 15, 3-4

Après la mort de Sylla, Lepidus fait une tentative de coup d'état contre laquelle Pompée intervient.

Cherchant en effet à provoquer une révolution, Lépide avait la présomption de préparer l'annulation des mesures prises par un si grand homme[11]. [...] C'est pourquoi, après avoir, comme avec un clairon, terrifié la cité avec ses harangues subversives, il partit pour l'Étrurie, y leva une armée et la fit marcher sur Rome. Mais déjà Lutatius Catulus et Pompée, généraux et porte-drapeau du régime syllanien, avaient occupé avec une autre armée le pont Milvius et la

---

11. Il voulait notamment rappeler les proscrits.

colline du Janicule. Repoussé par eux dès le premier assaut, déclaré ennemi public par le Sénat, il s'enfuit sans verser de sang et se retira en Étrurie, puis en Sardaigne et y mourut de maladie et de remords. Les vainqueurs, de leur côté – chose exceptionnelle dans les guerres civiles –, se contentèrent d'avoir rétabli la paix.

Florus, *Abrégé d'histoire romaine*, 2, 11

LA GUERRE CONTRE SERTORIUS

*En Espagne apparaît un adversaire particulièrement
coriace, Sertorius. Né d'une bonne famille.*

Quintus Sertorius naquit dans une famille assez
connue[1], à Nursia, ville du pays sabin. Orphelin
de père, il fut parfaitement élevé par sa mère restée
veuve, et il paraît avoir eu pour elle une extraordinaire
affection. Elle s'appelait, dit-on, Rhéa. Il s'exerça
d'abord à plaider, et il réussissait dans cette voie, de
sorte qu'il acquit dans la ville, tout jeune encore, un
certain crédit par son éloquence. Mais ses brillants
faits d'armes et ses succès militaires tournèrent son
ambition du côté de la guerre.

Plutarque, *Sertorius*, 2

Ses débuts de carrière sont brillants.

Promu à un haut commandement[2], il ne se relâ-
cha pas de son audace de soldat ; il accomplit de sa
main d'étonnantes prouesses et combattit sans se

---

1. Sertorius devait appartenir à l'ordre équestre.
2. Pendant la guerre sociale.

ménager ; c'est ainsi qu'il eut un œil crevé. Il ne cessait de s'en vanter :

— Les autres, disait-il, ne portent pas constamment sur eux les insignes de la valeur : ils déposent parfois colliers, lances et couronnes. Moi, je garde toujours les marques de ma bravoure, et tous ceux qui voient ma disgrâce constatent en même temps mon courage.

Plutarque, *Sertorius*, 4, 3-4

Il se retrouve dans le camp anti-Sylla.

Cependant, quand il brigua le tribunat de la plèbe, l'opposition de Sylla le fit échouer, et c'est de là que vint sans doute sa haine à l'égard de Sylla. Lorsque Marius, vaincu par Sylla, eut pris la fuite et que Sylla fut parti pour combattre Mithridate[3], l'un des consuls, Octavius, resta fidèle à la cause de Sylla ; mais l'autre, Cinna, partisan de la révolution, s'employa à relever la faction déclinante de Marius. Sertorius se joignit à Cinna, d'autant plus volontiers qu'il constatait le manque d'énergie d'Octavius et le voyait se méfier des amis de Marius. Un grand combat s'étant livré au Forum entre les consuls, Octavius fut vainqueur. Cinna et Sertorius, qui avaient perdu près de dix mille hommes, prirent la fuite, puis, attirant à eux par la persuasion la plupart des garnisons encore

3. En 87.

disséminées en Italie, ils furent bientôt en état de reprendre la lutte contre Octavius.

Plutarque, *Sertorius*, 4, 6-9

Parti en Afrique du Nord, il reçoit un appel des Lusitaniens, qui, avec d'autres peuples d'Espagne veulent lutter contre l'occupation romaine.

À ce moment, comme il se demandait de quel côté il devait se tourner, les Lusitaniens[4] lui envoyèrent une ambassade pour le prier de se mettre à leur tête ; dans la crainte qu'ils avaient des Romains, ils avaient absolument besoin d'un chef qui eût beaucoup de prestige et d'expérience ; aussi est-ce à lui seul qu'ils voulaient se confier, connaissant son caractère par ceux qui avaient vécu avec lui. On dit que Sertorius ne se laissait vaincre ni par le plaisir ni par la crainte, qu'il était par nature intrépide dans les dangers et modéré dans les succès, que, pour attaquer de front, il ne le cédait en audace à aucun des généraux de son temps, que, pour dérober ses desseins à l'ennemi, pour s'assurer l'avantage de fortes positions, pour passer un cours d'eau, bref pour tout ce qui exige de la rapidité, de la ruse, des tromperies, il déployait au moment opportun la plus extrême habileté.

Plutarque, *Sertorius*, 10, 1-3

---

4. La Lusitanie correspond à peu près à l'actuel Portugal.

Il accumule les succès contre le proconsul Metellus.

Metellus[5] envoya Aquinus au ravitaillement avec
six mille hommes. Mais Sertorius le sut et tendit
une embuscade sur la route ; [...] il lança trois mille
hommes sur Aquinus à son passage, et lui-même,
l'attaquant de front, le mit en déroute, tua une partie
de ses hommes et prit les autres vivants. Aquinus,
qui avait perdu son cheval avec ses armes, rejoignit
dans cet état Metellus. Celui-ci se retira honteusement
sous les nombreuses railleries des Espagnols.

Ces succès valurent à Sertorius l'admiration des
barbares qui s'attachèrent d'autant plus à lui qu'en
substituant à la folle sauvagerie de leur fougue l'armement, les formations de combat et les signaux des
Romains, il faisait d'une grande bande de brigands
une véritable armée.

Plutarque, *Sertorius*, 13, 10-12 et 14, 1

Perpenna, lui aussi en rébellion, se joint à Sertorius.

Perpenna Vento, qui était du même parti que
Sertorius, étant arrivé en Espagne avec beaucoup d'argent et une grande armée, avait résolu de combattre
Metellus seul avec ses propres forces[6]. Ses troupes
en étaient mécontentes, et l'on parlait beaucoup de

---

5. Q. Caecilius Metellus Pius fut consul en 80 avec Sylla.
6. Perpenna avait été gouverneur de la Sicile, d'où Pompée
l'avait chassé.

Sertorius dans son camp, ce qui contrariait Perpenna, tout fier de sa naissance[7] et de sa richesse. Mais, quand on annonça que Pompée franchissait les Pyrénées, les soldats prirent leurs armes, arrachèrent du sol les enseignes des compagnies et pressèrent à grands cris Perpenna de les mener à Sertorius ; sinon, ils le menaçaient de l'abandonner et d'aller eux-mêmes auprès de l'homme capable d'assurer son salut et le leur. Perpenna céda, les emmena et se joignit à Sertorius avec cinquante-trois cohortes[8].

Plutarque, *Sertorius*, 15, 2-5

Une seconde Rome.

La preuve de la grandeur d'âme de Sertorius, c'est d'abord qu'il appela Sénat l'assemblée des sénateurs bannis de Rome qui séjournaient auprès de lui, et parmi lesquels il choisissait ses questeurs et ses préteurs, réglant toutes les affaires de ce genre conformément aux lois de sa patrie. Une autre preuve de cette grandeur d'âme, c'est que, tout en employant les armes, l'argent et les villes des Espagnols, il ne leur céda jamais, même en paroles, l'autorité suprême ; il leur imposait des généraux et des magistrats romains, car son but était de reconquérir la liberté pour les

---

7. Son père avait été consul en 130.
8. Il devait avoir vingt mille fantassins et mille cinq cents cavaliers.

Romains, et non pas d'accroître contre Rome la force
de ces étrangers.

Plutarque, *Sertorius*, 22, 5-6

*Inquiet, le Sénat décide d'envoyer Pompée, pourtant
simple particulier.*

Le Sénat, qui le craignit, envoya en Ibérie une
nouvelle armée qu'il ajouta à la première, avec un
nouveau général, Pompée, jeune encore, mais qui
s'était déjà fait de la réputation par ses exploits en
Afrique et en Italie même, du temps de Sylla.

Pompée prit courageusement le chemin des
Alpes[9]. Il ne suivit point la route frayée par le célèbre
Hannibal : il s'en ouvrit une nouvelle, du côté des
sources du Rhône et de l'Éridan[10], qui les ont en effet
au milieu des Alpes, non loin l'une de l'autre.

Appien, *Les Guerres civiles à Rome*, 1, 13, 108-109

*Sa nomination était certes une anomalie institu-
tionnelle.*

Quoi de plus contraire aux usages, quand on avait
deux consuls éminents par la réputation et le mérite,
que de charger un chevalier romain d'une guerre si
importante et si formidable avec le pouvoir proconsulaire ? On l'en a chargé. C'est alors que, plusieurs

9. À l'automne 77, il avait 29 ans.
10. Peut-être est-il passé par le mont Saint-Bernard.

ayant dit au Sénat qu'il ne convenait pas de confier à un simple particulier les fonctions d'un consul, L. Philippus, dit-on, répliqua qu'il entendait qu'on lui confiât, non pas les fonctions d'un consul mais celles de deux consuls. Si ferme était la confiance qu'on avait dans l'heureux accomplissement de sa mission qu'on s'en remettait à lui seul, bien qu'il fût un tout jeune homme, pour accomplir la tâche de deux consuls.

Cicéron, *Sur les pouvoirs de Pompée*, 21, 62

Mais Pompée subit un sérieux revers à Sucro, près de Valence.

Dès le retour du printemps[11], les armées se cherchèrent de nouveau. Pompée et Metellus descendirent des Pyrénées, où ils avaient passé leurs quartiers d'hiver. Sertorius et Perpenna vinrent de la Lusitanie à leur rencontre. Ils se trouvèrent en présence dans le voisinage d'une ville appelée Sucro[12]. Des coups de tonnerre effrayants eurent beau se faire entendre par un temps serein, des éclairs eurent beau luire contre toute attente, ces deux chefs avaient trop d'expérience pour s'en laisser imposer par cet accident ; beaucoup de monde fut tué de part et d'autre. Metellus mit en déroute Perpenna et dévasta son camp. De son

11. Printemps 75.
12. Ville située sur la côte méditerranéenne, face aux Baléares.

côté, Sertorius battit Pompée, qui fut dans l'action dangereusement blessé à la cuisse.

Appien, *Les Guerres civiles à Rome*, 1, 13, 110

Malgré les honneurs reçus, Pompée saura toujours respecter les préséances républicaines.

Après la bataille[13], Pompée alla au-devant de Metellus et, quand ils furent l'un près de l'autre, il ordonna d'incliner ses faisceaux devant lui, pour faire honneur à Metellus et reconnaître la supériorité de son rang. Mais Metellus s'y opposa et se montra parfait à tous égards envers Pompée, ne s'attribuant, comme consulaire[14] et comme ancien, d'autre prérogative que de donner, quand ils campaient ensemble, le mot d'ordre à toute l'armée. D'ailleurs le plus souvent ils campaient à part, car l'ennemi, fertile en ruses et habile à se montrer en un instant sur plusieurs points et à les attirer d'un combat à un autre, les séparait et empêchait leur réunion.

Plutarque, *Pompée*, 19, 8-10

Pompée redresse la situation, mais, ne recevant rien de Rome, il écrit au Sénat et menace.

J'ai soutenu avec de jeunes recrues bien inférieures en nombre le premier choc de Sertorius vainqueur ;

---

13. De Sucro.
14. Ancien consul.

et j'ai passé l'hiver non dans les villes, et pour faire ma cour aux troupes, mais dans les camps, au milieu des plus redoutables ennemis.

À quoi bon, après cela, énumérer nos combats, nos expéditions d'hiver, les villes que nous avons détruites ou reprises, quand les faits en disent plus que les paroles ? En échange, ô comble de gratitude ! vous nous donnez l'indigence et la faim. Ainsi, pour mon armée et pour celle des ennemis, les conditions sont égales : vous ne donnez pas plus de solde à l'une qu'à l'autre, et quel que soit le vainqueur, il peut venir en Italie.

Aussi, je vous en avertis, et vous prie de bien y réfléchir, ne me forcez pas, sous la contrainte des nécessités, à ne prendre conseil que de moi-même. L'Espagne Citérieure[15], qui n'est pas occupée par l'ennemi, a été dévastée de fond en comble par moi ou par Sertorius, à l'exception des villes de la côte[16], qui ne sont pour nous qu'un surcroît de charges et de dépenses. La Gaule, l'an dernier, a fourni à l'armée de Metellus les vivres et la solde ; maintenant, après une mauvaise récolte, à peine a-t-elle de quoi vivre pour elle-même. Pour moi, j'ai non seulement épuisé ma fortune, mais mon crédit. Vous seuls me

---

15. La partie orientale de l'Espagne. L'Espagne ultérieure en est la partie occidentale.

16. Il s'agit d'Emporium, Iarraco, Saguntum, acquises aux Romains.

restez : si vous ne venez à mon aide, malgré moi, je vous le prédis, mon armée et avec elle toute la guerre d'Espagne passeront en Italie.

Salluste, Histoires, 2, 98M

Sertorius conclut une alliance avec Mithridate, roi du Pont, qui a envahi une partie de l'Asie.

Au moment où Mithridate, après avoir été vaincu par Sylla, se redressait comme pour une seconde lutte et avait de nouveau envahi l'Asie[17], le renom de Sertorius, devenu éclatant, se répandait partout, et les navigateurs venus d'Occident avaient rempli le Pont, comme d'une cargaison de marchandises étrangères, du bruit de ses exploits. Mithridate résolut de lui envoyer des ambassadeurs. Il y fut surtout engagé par les fanfaronnades de ses flatteurs, qui comparaient Sertorius à Hannibal et Mithridate à Pyrrhus[18], et affirmaient que les Romains, attaqués de deux côtés, ne pourraient tenir contre deux si puissants génies, le plus habile des généraux uni au plus grand des rois.

Mithridate envoya donc une ambassade en Espagne, avec une lettre et des propositions orales

17. Il s'agit de la province d'Asie, que les Romains avaient obtenue par le testament d'Attale III, roi de Pergame, en 133.

18. Roi d'Épire (318-272) qui infligea une lourde défaite aux Romains, à Héraclée, en Italie du Sud, en 280.

pour Sertorius. Il s'engageait à lui fournir de l'argent
et des vaisseaux pour la guerre, mais demandait qu'il
lui assurât la possession de toute l'Asie qu'il avait
cédée aux Romains par le traité conclu avec Sylla.
Sertorius ne put s'y résoudre. Il déclara qu'il ne
refusait pas à Mithridate la possession de la Bithynie
et de la Cappadoce, pays gouvernés par des rois et
sur lesquels les Romains n'avaient aucun titre, mais
que, pour cette province que les Romains avaient
acquise de la manière la plus juste, que Mithridate
leur avait enlevée et avait occupée, il ne la laisserait
jamais retomber en son pouvoir. [...]

Cependant le traité fut conclu et juré dans ces ter-
mes : Mithridate aurait la Cappadoce et la Bithynie,
Sertorius lui enverrait un général et des soldats, et
recevrait de Mithridate trois mille talents d'argent
et quarante vaisseaux.

Plutarque, *Sertorius*, 23, 1-6 et 24, 3

Mais, en 73, pour Sertorius, la roue tourne.

L'année d'après, les généraux romains, devenus
plus entreprenants, attaquèrent les villes de Sertorius
avec plus de confiance : ils en détournèrent un grand
nombre de lui, ils en envahirent d'autres, encouragés
par leurs succès. Il n'y eut point néanmoins de grande
bataille ; ce fut à nouveau une guerre d'escarmouches jusqu'à l'année suivante où ils retournèrent à la
charge avec encore plus de mépris pour les troupes de

Sertorius. Le génie de celui-ci commençait à l'abandonner. Il abandonnait lui-même le soin des affaires.
Il se livrait au luxe, aux femmes, à la mollesse, à la
boisson. Il fut donc continuellement battu. Il en
devint très colèrique, très soupçonneux, très cruel
dans les châtiments.

Appien, *Les Guerres civiles à Rome,* 1, 13, 113

Les dissensions apparaissent dans son camp.

En Espagne, les sénateurs et les collègues de
Sertorius, dès qu'ils se crurent assez forts pour tenir
tête à l'ennemi et que leurs craintes eurent disparu,
furent saisis par l'envie et par une jalousie insensée
de sa puissance. Ils étaient excités par Perpenna
qui, gonflé d'un vain orgueil à cause de sa naissance, ambitionnait le pouvoir et semait en secret
de méchants propos parmi ses amis . Quel mauvais
génie, disait-il, nous a soustraits à un mal pour nous
jeter dans un pire ? Nous qui, dans notre patrie, refu-
sions de nous soumettre aux ordres de Sylla, maître
de la terre et de la mer entière, nous sommes venus
ici pour notre perte dans l'espoir d'y vivre libres, et
nous voici devenus esclaves volontaires, gardiens de
l'exil de Sertorius, membres de ce Sénat dont le nom
provoque la risée de ceux qui l'entendent, subissant
autant d'outrages, d'ordres impérieux et de fatigues
que les Espagnols et les Lusitaniens.

Plutarque, *Sertorius,* 25, 1-3

En 72, Sertorius est assassiné.

Les conjurés soudoyèrent un homme pour porter une lettre à Sertorius. La lettre annonçait une victoire de l'un de ses généraux et le massacre de nombreux ennemis.

À cette nouvelle, Sertorius, plein de joie, offrit un sacrifice d'actions de grâces, et Perpenna l'invita à un festin avec ses amis présents (ils étaient tous de ses complices) et, à force d'insistance, il finit par le décider à venir.

Les repas auxquels Sertorius participait gardaient toujours beaucoup de retenue et de décence, car il ne supportait pas de voir ni d'entendre rien de honteux ; il habituait ses convives à des divertissements honnêtes et sans excès et à des conversations amicales.

[…] Il changea de position sur son lit et se renversa sur le dos, comme pour montrer qu'il ne leur accordait aucune attention et ne les écoutait pas. À ce moment, Perpenna prit une coupe de vin et, en buvant, la laissa échapper de ses mains, ce qui fit du bruit. C'était le signal convenu. Antonius, placé au-dessus de Sertorius, le frappa de son épée. Sentant le coup, Sertorius se retourne et veut se lever, mais Antonius se jette sur sa poitrine et lui saisit les deux mains, en sorte que, plusieurs se mettant à le frapper, il fut tué sans même pouvoir se défendre.

Plutarque, *Sertorius*, 26, 5-11

Pompée en termine avec Perpenna.

Pompée marcha donc tout de suite contre lui, et, sachant Perpenna irrésolu sur le parti à prendre, il détacha, en manière d'appât, dix cohortes qui avaient ordre de se disperser dans la plaine. Perpenna se tourna contre elles et se mit à les poursuivre. Pompée parut alors avec toutes ses forces, engagea la bataille et remporta une victoire complète. La plupart des chefs ennemis périrent au cours de l'action ; quant à Perpenna, il fut amené devant Pompée, qui le fit mettre à mort, non pas que Pompée fût ingrat et eût oublié les événements de Sicile[19], comme quelques-uns le lui reprochent, mais en vertu d'une haute pensée et dans une intention salutaire pour l'État. En effet Perpenna, étant entré en possession des archives de Sertorius, montrait des lettres de personnages très influents à Rome qui, dans le dessein de faire une révolution et de changer de régime politique, appelait Sertorius en Italie. Pompée, craignant de voir ces révélations susciter des guerres aussi terribles que celles qui venaient de prendre fin, fit mourir Perpenna et brûla ces lettres sans même les lire.

Plutarque, *Pompée*, 20, 4-8

---

19. En 81, Pompée, ayant débarqué en Sicile, Perpenna lui abandonna l'île aussitôt.

Pompée fait preuve de clémence.

Après la mort de Perpenna, beaucoup de soldats de Sertorius s'enfuirent auprès de Pompée, ce héros très illustre et cet homme de très grand cœur. Ne mit-il pas le plus grand zèle à les garder tous sains et saufs ? À quel citoyen suppliant cette main toujours victorieuse ne tendit-elle pas sa protection et ne montra-t-elle pas l'espoir du salut ? Est-ce bien ainsi ? Ces hommes trouvèrent un refuge près de celui qu'ils avaient combattu.

Cicéron, *Seconde action contre Verrès*, 5, 68, 153

Revenant d'Espagne, Pompée tombe sur les rescapés des troupes du gladiateur Spartacus vaincues par Crassus en Lucanie, en mars 71.

Crassus avait mis à son service la Fortune, il avait fort bien dirigé la guerre, il avait payé de sa personne, et cependant son succès tourna à la gloire de Pompée. Car les rebelles qui, à la suite de cette bataille, avaient pris la fuite, au nombre de cinq mille, se heurtèrent à Pompée et furent taillés en pièces. Aussi Pompée écrivit-il au Sénat que Crassus avait remporté sur les esclaves une victoire manifeste, mais qu'il avait, lui, arraché la racine de la guerre.

Plutarque, *Crassus*, 11, 10-11

LE PREMIER CONSULAT

À trente-six ans, Pompée est consul avec Crassus.

On lui vota un deuxième triomphe et le consulat. Mais ce n'est pas par là qu'il parut admirable et grand ; ce qui témoignait surtout de sa gloire aux yeux de tous, c'est que Crassus, le plus riche, le plus éloquent, le plus grand des hommes politiques du moment, qui regardait de haut tout le monde et Pompée lui-même, n'avait pas osé briguer le consulat avant d'avoir demandé l'accord de Pompée. À coup sûr, cette démarche plut à Pompée, qui cherchait depuis longtemps à nouer avec lui des relations amicales.

Plutarque, *Pompée*, 22, 1-2

Dès le début, on craint un nouveau conflit.

Élus consuls l'un et l'autre[1], ils ne congédièrent point pour cela leurs armées[2], qu'ils avaient aux portes de Rome. Chacun avait son prétexte. Pompée

---

1. En 70, Pompée avait 36 ans et n'avait obtenu aucune autre magistrature.
2. Ils licencièrent en fait leurs armées en juin 70.

disait qu'il attendait le retour de Metellus pour
la cérémonie du triomphe de la guerre d'Ibérie.
Crassus prétendait que Pompée devait licencier
le premier. Le peuple vit dans cette conduite des
deux consuls un commencement de sédition. Il craignit la présence de deux armées auprès de la Ville.
Il supplia les consuls, pendant qu'ils présidaient
dans le Forum, de se rapprocher et de s'entendre.
Chacun, de son côté, refusa d'abord. Mais les augures
ayant pronostiqué de nombreuses calamités si les
consuls ne se réconciliaient pas, le peuple réitéra
ses supplications avec une grande humilité, en
leur rappelant le souvenir des maux causés par les
divisions de Marius et de Sylla. Crassus, touché le
premier, descendit de son siège consulaire, s'ap-
procha de Pompée et lui tendit la main en signe
de bonne intelligence. Pompée se leva alors et vint
au-devant de Crassus. Ils se touchèrent les mains[3].
On les combla tous les deux d'éloges, et la séance
des comices ne fut levée qu'après que chacun eut
donné, de son côté, l'ordre de licencier son armée.
C'est ainsi que fut conjuré, dans le calme, un nouvel
orage qui paraissait près d'éclater.

Appien, *Les Guerres civiles à Rome*, 1, 14, 121

---

3. La réconciliation intervint sans doute en fin 70.

Pompée est affranchi du respect de la loi concernant l'accès aux magistratures.

Quoi de plus singulier que d'être affranchi des lois par un sénatus-consulte pour être nommé consul avant l'âge requis par les lois pour obtenir toute autre magistrature ?

Cicéron, *Sur les pouvoirs de Pompée*, 21, 61

Huit ans après le premier, il reçoit un deuxième triomphe.

Quoi de plus incroyable que le triomphe décerné pour la deuxième fois par sénatus-consulte à un chevalier romain ?

Cicéron, *Sur les pouvoirs de Pompée*, 21, 61

Pour s'attirer la faveur populaire, il rétablit la puissance tribunitienne, amoindrie par Sylla.

Enfin Pompée lui-même, dans la première assemblée qu'il tint, étant consul désigné en dehors de l'enceinte de la Ville, dès qu'il fit connaitre— et c'est ce qu'on semblait attendre avec le plus d'impatience –, qu'il rétablirait la puissance tribunitienne , ; à cet endroit de son discours, il se produisit dans l'assemblée un frémissement et un murmure de reconnaissance.

Cicéron, *Première action contre Verrès*, 15, 45

Mais la mésentente entre les consuls est totale.

Et pourtant, une fois entrés en charge, ils ne conservèrent pas cette amicale entente. En désaccord presque sur tout, toujours fâchés et en querelle l'un contre l'autre, ils privèrent leur consulat de toute activité efficace.

Plutarque, *Crassus*, 12, 3

Crassus a plus de charisme.

Pompée avait plus de renommée et de puissance à Rome grâce à ses campagnes, mais, présent, il se voyait souvent préférer Crassus. En effet, Pompée, à cause de son orgueil et de son affectation de dignité, fuyait la foule et se tenait à l'écart du Forum, ne venant en aide qu'à un petit nombre de ceux qui s'adressaient à lui, et sans grand empressement, afin de garder plus de crédit à son usage personnel. Crassus, au contraire, plus constamment prêt à rendre service, ne se faisait ni rare ni inabordable ; on le voyait toujours empressé à intervenir, et son active bonté étendue à tous lui donnait l'avantage sur la majesté de Pompée. Quant à la prestance physique, à la force persuasive de l'éloquence et au charme du visage, on dit que tous les deux possédaient ces avantages au même degré.

Plutarque, *Crassus*, 7, 3-4

Les chevaliers retrouvent leurs prérogatives judiciaires.

Pompée jouissait d'un grand crédit auprès du peuple, car il lui avait rendu le tribunat et il laissa passer une loi qui remettait les jugements entre les mains des chevaliers[4].

Plutarque, *Pompée*, 22, 3-4

Sorti de charge, Pompée prend ses distances.

Après quoi Crassus continua à mener le genre de vie qu'il avait adopté dès le début. Pompée, au contraire, se déroba le plus possible aux plaidoiries qu'on lui proposait, abandonna peu à peu le Forum et ne se montra que rarement en public, mais toujours suivi d'une nombreuse escorte. Il devenait difficile de l'aborder et de le voir en dehors de la foule, tant il aimait à s'entourer d'un cortège important et compact qui lui prêtait un air de solennelle majesté. Il pensait qu'il devait préserver sa dignité loin du contact et des familiarités de la multitude. Et, de fait, le port de la toge risque de faire oublier la gloire de ceux qui sont devenus grands par les armes et qui ne peuvent s'adapter à l'égalité démocratique.

Plutarque, *Pompée*, 23, 3-5

4. En 81, Sylla avait remis les pouvoirs judiciaires aux sénateurs.

L'EXPÉDITION
CONTRE LES PIRATES

67

Depuis longtemps, les pirates sévissent en Méditerranée.

Tandis que les Romains étaient occupés sans relâche à combattre contre leurs ennemis, les pirates accrurent beaucoup leurs forces, parcoururent diverses mers et s'adjoignirent tous ceux qui se livraient au même genre de vie qu'eux : quelques-uns même secoururent plusieurs peuples, à titre d'alliés. [...]

Enhardis par ces succès, ils descendirent sur la terre ferme et firent beaucoup de mal, même à ceux qui ne fréquentaient pas la mer : ils attaquèrent les alliés que Rome avait hors de l'Italie et l'Italie elle-même. Persuadés qu'ils feraient là un plus riche butin et qu'ils inspireraient plus de terreur aux autres peuples s'ils n'épargnaient pas cette contrée, ils abordèrent dans diverses villes du littoral et jusque dans Ostie. Ils brûlèrent les vaisseaux et pillèrent tout ce qui tomba sous leur main. Enfin, comme personne ne réprimait leurs excès, ils séjournèrent longtemps à terre et mirent en vente, avec autant de sécurité que s'ils avaient été dans leur propre pays, les hommes qu'ils n'avaient pas tués et les dépouilles qu'ils avaient enlevées.

Dion Cassius, *Histoire romaine*, 36, 18 et 20

La guerre contre Mithridate a aggravé la situation.

Ces gens en effet, que la guerre avait privés de leurs moyens d'existence et de leur patrie, et qui étaient tombés dans un dénuement complet, exploitaient la mer comme ils l'auraient fait de la terre, croisant chacun dans son propre secteur d'abord avec des chaloupes et des vedettes rapides, puis avec des birèmes et des trirèmes, commandées par des capitaines corsaires qui se comportaient comme des généraux dans une vraie guerre.

Appien, *La Guerre de Mithridate*, 92, 417

Même les ports italiens sont attaqués.

Ignorez-vous que le port de Gaète, si fréquenté, si rempli de vaisseaux, fut pillé par les pirates sous les yeux d'un préteur et qu'à Misène les enfants d'un magistrat qui, lui-même, leur avait fait autrefois la guerre, ont été enlevés par des pirates ? Vais-je donc déplorer le malheur qu'éprouva Ostie et qui fut aussi une souillure et un déshonneur pour la République, alors que, presque sous vos yeux, une flotte qui était pourtant commandée par un consul du peuple romain a été prise et anéantie par les pirates ?

Cicéron, *Sur les pouvoirs de Pompée*, 12, 33

César lui-même fut, dans sa jeunesse, une de leurs victimes.

Au cours de sa traversée, accomplie déjà pendant les mois d'hiver[1], il fut pris par des pirates à la hauteur de l'île Pharmacuse[2] et resta au milieu d'eux, non sans la plus vive indignation, près de quarante jours, avec un médecin et deux valets de chambre, car, dès le premier moment, il avait envoyé ses compagnons et ses autres esclaves chercher la somme exigée pour sa rançon. Ensuite, quand les cinquante talents eurent été comptés et qu'on l'eut débarqué sur le rivage, sans perdre un seul instant, il lança une flotte à la poursuite des pirates et, s'en étant rendu maître, leur infligea le supplice dont il les avait souvent menacés en plaisantant.

Suétone, *César*, 4

Gabinius, tribun de la plèbe, présente Pompée comme le recours.

Lorsqu'un tribun du peuple, Aulus Gabinius (soit à l'instigation de Pompée, soit pour lui complaire, car c'était un très mauvais citoyen, nullement inspiré par l'amour du bien public), proposa de confier la guerre contre tous les pirates à un seul général, revêtu d'un pouvoir absolu, choisi parmi les consulaires,

---

1. Il était parti étudier à Rhodes.
2. Île au nord de Milet, près des côtes d'Asie Mineure.

investi du commandement pour trois ans, et qui aurait sous ses ordres des forces très considérables et plusieurs lieutenants, il ne désigna point formellement Pompée ; mais il était évident que le peuple le choisirait, aussitôt qu'il aurait entendu faire une proposition de ce genre. […]

C'est ce qui arriva : la rogation de Gabinius fut approuvée, et à l'instant toute l'assemblée pencha pour Pompée.

Dion Cassius, *Histoire romaine*, 36, 21

Pour les sénateurs, cette loi d'exception est inacceptable.

…À l'exception des sénateurs, qui auraient mieux aimé souffrir les plus grands maux de la part des pirates que de lui donner un tel pouvoir : peu s'en fallut même qu'ils ne missent le tribun à mort dans leur palais. Il s'échappa de leurs mains ; mais à peine la multitude eut-elle connu le vote des sénateurs qu'il s'éleva un violent tumulte. Elle envahit le lieu où ils siégeaient et elle les eût massacrés s'ils ne s'étaient retirés. Ils se dispersèrent et se cachèrent. Dès lors, les sénateurs se tinrent tranquilles, trop heureux de conserver la vie.

Dion Cassius, *Histoire romaine*, 36, 22

César est favorable à Pompée… non sans arrière-pensée.

Aussi s'opposèrent-ils à la loi, sauf César, qui d'ailleurs, en soutenant ce projet, se souciait fort peu de Pompée, mais voulait dès le début s'insinuer dans les bonnes grâces du peuple et se le concilier.

Plutarque, *Pompée*, 25, 8

Les pouvoirs conférés à Pompée sont vraiment considérables.

Cette loi en effet lui conférait la souveraineté sur mer jusqu'aux colonnes d'Hercule[3] et sur terre en tout lieu situé à moins de quatre cents stades de la côte[4]. Peu de territoires occupés par les Romains se trouvaient en dehors de l'espace ainsi délimité, qui englobait les principaux peuples et les rois les plus puissants. En outre, il avait le droit de choisir lui-même quinze légats dans le Sénat pour commander chaque secteur particulier, de prendre au trésor public et à la ferme des impôts tout l'argent qu'il voudrait, et d'équiper une flotte de deux cents vaisseaux, en fixant à sa guise les effectifs et les conditions d'enrôlement des soldats et des rameurs.

Plutarque, *Pompée*, 25, 4-6

3. Le détroit de Gibraltar.
4. 400 stades = 75 kilomètres. Rome n'était située qu'à 23 kilomètres de la mer.

On dirait de nos jours que « la Bourse » a suivi.

Le jour même où vous lui avez confié le commandement suprême de la guerre navale, si soudaine fut la baisse du blé succédant à une extrême disette et à une extrême cherté, grâce aux espérances qu'on fondait sur ce seul homme et sur son renom, qu'une paix prolongée, avec les plus importantes récoltes, aurait pu difficilement produire un tel effet.

Cicéron, *Sur les pouvoirs de Pompée*, 15, 44

La campagne est menée de façon magistrale.

Pompée, voulant anéantir d'un seul coup et à jamais le fléau qui s'était répandu sur toute la mer, fit, pour les attaquer, des préparatifs dont l'ampleur paraît surhumaine. Abondamment pourvu en effet de navires, les siens et ceux de ses alliés, les Rhodiens, il bloqua, à l'aide de ses nombreux légats et préfets, les deux issues par lesquelles la mer débouchait sur le Pont et l'Océan. Gellius fut chargé de la mer de Toscane, Plotius, de celle de Sicile ; Atilius cerna le golfe de Ligurie, Pomponius, celui des Gaules, Torquatus, celui des Baléares, Tiberius Néron, le détroit de Gadès, là où se trouve la première « porte » ouvrant sur notre mer – la mer de Libye le fut par Lentulus Marcellinus, celle d'Égypte, par les fils de Pompée, l'Adriatique, par Terentius Varron, l'Égée, le Pont et la mer de Pamphylie, par Metellus, la mer d'Asie, par Cépion ; Porcius Caton obstrua avec ses navires les goulots mêmes de la Propontide, comme le feraient une porte et ses verrous. C'est ainsi que, sur toute la mer, dans les ports, les golfes, les cachettes, les retraites, les promontoires, les détroits, les péninsules, tout ce qu'il y avait en fait de pirates fut pris et enfermé comme dans un filet. Pompée lui-même s'était attaqué au pays qui était l'origine et la source de la guerre, la Cilicie. Les ennemis ne refusèrent pas le combat. Leur audace semblait due moins à leur assurance qu'au fait qu'ils étaient enfermés ; mais ils se bornèrent à aller au-devant du premier choc. Puis, dès qu'ils virent nos éperons les envelopper de partout, ils jetèrent aussitôt leurs armes et leurs rames et, battant partout des mains en même temps en signe de supplication, demandèrent la vie sauve. Nous ne remportâmes jamais de victoire moins sanglante.

Florus, *Abrégé d'histoire romaine*, 1, 41, 7-14

Pompée fait preuve de clémence et d'intelligence.

Il détenait aussi plus de vingt mille prisonniers ; il ne songea pas un instant à les faire périr et pensa qu'il n'était pas prudent de relâcher, pour les laisser se disperser ou se grouper à nouveau, des gens dont la plupart étaient pauvres et belliqueux. Faisant réflexion que l'homme n'est pas par nature, et dès sa naissance, un être sauvage et insociable, et que, si la pratique du vice le fait dégénérer contre son naturel, il peut aussi être adouci par des mœurs nouvelles et un changement de lieu et d'existence, puisque les bêtes elles-mêmes, soumises à un régime plus doux, s'apprivoisent en dépouillant leur férocité et leur humeur farouche, il résolut de transférer ces hommes de la mer sur le continent et de leur faire goûter une vie normale, en les habituant à vivre dans des villes et à cultiver la terre. Les bourgades à demi désertes de la Cilicie en accueillirent un certain nombre et se les assimilèrent après avoir reçu un territoire plus grand. Soles[5] venait d'être dépeuplée par Tigrane, roi d'Arménie ; Pompée la releva et y établit beaucoup de pirates. Le plus grand nombre reçut comme résidence une ville d'Achaïe, Dymé, qui était alors vide d'habitants et qui avait une campagne vaste et fertile.

Plutarque, *Pompée*, 28, 4-7

Bilan d'une campagne.

Que doit-on admirer le plus dans cette victoire ? sa rapidité, car elle fut acquise en quarante jours[6] ? la chance que l'on eut, car on ne perdit pas un seul navire ? ou ses résultats éternellement durables, parce qu'il n'y eut plus de pirates[7] ?

Florus, *Abrégé d'histoire romaine*, 1, 41, 15

5. Ville de Cilicie.
6. De mars à mai 67.
7. Sextus Pompée, le fils de Pompée, dirigea cependant des opérations contre les pirates de 40 à 36.

LA GUERRE
CONTRE MITHRIDATE

66-63

*Ce fut un conflit d'une tout autre ampleur. À l'origine,
l'ambition du roi du Pont.*

Les nations pontiques s'étendent du septentrion
au Pont-Euxin, dont elles tirent leur nom. Aétès est
le plus ancien roi de ces peuples et de ces régions.
Plus tard, elles furent gouvernées par Artabaze, et
depuis par Mithridate, le plus grand de tous ces
princes. Il nous avait suffi de quatre ans de combats contre Pyrrhus, de dix-sept contre Hannibal.
Mithridate nous résista pendant quarante années[1],
jusqu'à ce que, vaincu dans trois guerres sanglantes,
il fût accablé par la chance de Sylla, le courage de
Lucullus, la grandeur de Pompée.

Le motif de ces hostilités, celui qu'il allégua à l'am-
bassadeur Cassius, était l'invasion de ses frontières par
Nicomède, roi de Bithynie. Mais, en fait, plein d'orgueil
et d'immenses ambitions, il brûlait du désir de s'emparer de toute l'Asie et, s'il le pouvait, de l'Europe. Nos
vices lui donnaient espoir et confiance. Alors que les

---

1. En fait, de 92 à 64.

guerres civiles nous empêchaient en effet d'intervenir, l'occasion l'invitait à agir, et Marius, Sylla, Sertorius lui montraient de loin, à découvert, le flanc de notre Empire. Tandis que l'État était ainsi affaibli par ses blessures et les troubles qui l'agitaient, voici soudain que, de l'extrémité septentrionale de l'Empire, là où Mithridate avait en quelque sorte son poste d'observation, fondit sur les Romains à la fois épuisés et retenus par d'autres soucis (à croire que le moment avait été choisi à dessein) le cyclone de la guerre pontique.

Dès le premier assaut, il enleva la Bithynie, puis l'Asie fut en proie à une égale terreur et, sans hésitation, les villes et les peuples qui nous appartenaient firent défection en faveur du roi. Il était là, exerçait sa pression, la cruauté lui tenait lieu de courage. Quoi de plus affreux en effet que l'ordre qu'il donna par édit de massacrer tous les hommes qui, en Asie, possédaient la citoyenneté romaine ? Alors les maisons, les temples et les autels, tous les droits humains et divins furent violés. Mais la terreur qui régnait en Asie ouvrait aussi au roi la route de l'Europe.

Florus, *Abrégé d'histoire romaine*, 1, 40, 1-8

Sylla, envoyé contre lui en 88, remporte d'éclatants succès.

Dans l'espace de moins de trois ans[2], il avait fait mordre la poussière à cent soixante mille hommes ; il

2. De 87 à 85.

avait réuni à l'Empire romain la Grèce, la Macédoine,
l'Ionie, l'Asie, et beaucoup d'autres régions dont
Mithridate s'était antérieurement emparé. Il avait
enlevé à ce prince tous ses vaisseaux et l'avait confiné,
après tant de conquêtes, dans les anciennes limites
de ses États.

Appien, *Les Guerres civiles à Rome*, 1, 9, 76

Il veut aller vite.

Sylla, pressé de s'en retourner à Rome pour
en imposer à ses ennemis, se hâta d'en finir avec
Mithridate.

Appien, *Les Guerres civiles à Rome*, 1, 76

*Les conditions de la paix sont relativement modérées
pour Mithridate.*

Après un court temps d'arrêt, Sylla dit :
— Si Mithridate nous livre toute la flotte dont tu
disposes, ô Archélaos[3], s'il nous rend nos généraux,
nos ambassadeurs, nos prisonniers, nos transfuges,
nos esclaves fugitifs ; si en outre il rend la liberté aux
habitants de Chios et à tous ceux qu'il a déportés dans
le Pont ; s'il retire ses garnisons de toutes les citadelles,
hormis celles qui étaient sous sa souveraineté avant
la rupture du traité ; s'il verse enfin une indemnité

---

3. Général de Mithridate, qui négocie en son nom avec
Sylla.

couvrant les frais de cette guerre, qui a eu lieu par sa faute, et s'il se contente de son seul royaume héréditaire, j'ai bon espoir de convaincre les Romains de ne pas lui garder rancune des faits passés.

Appien, *La Guerre de Mithridate*, 55, 222-223

Mithridate accepta ces conditions.
En 74, Mithridate reprend le combat .Il a désormais une véritable armée.

Quant aux ennemis, voici où ils en étaient. Mithridate, à la manière de la plupart des sophistes, s'était montré au début hautain et pompeux ; il s'était dressé contre les Romains avec des forces sans consistance, mais brillantes et faites pour la parade. Puis, échaudé par des échecs qui le couvrirent de ridicule, quand il se disposa à recommencer la guerre, il concentra cet appareil militaire de façon à lui donner une véritable efficacité. Il se débarrassa de ces hordes barbares d'origines diverses qui criaient des menaces dans des langues différentes, arrêta la fabrication des armes incrustées d'or et de pierreries, destinées à devenir le butin des vainqueurs plutôt qu'à assurer la défense de ceux qui les portaient, fit forger des épées pareilles à celles des Romains et façonner de lourds boucliers, rassembla des chevaux bien exercés plutôt que richement parés ; il eut ainsi cent vingt mille fantassins rangés en corps de bataille à la romaine, seize mille cavaliers, sans compter les

quadriges armés de faux, au nombre de cent. Quant
à ses navires, il les fit mettre en état sans les orner
de pavillons au dôme d'or, de bains pour les courti-
sanes et de luxueux gynécées, mais en les garnissant
d'armes, de javelots et d'argent.

Plutarque, *Lucullus*, 7, 4-5

En 74, à Rome, c'est Lucullus qui obtient le comman-
dement.

Tout le monde s'empressa à l'envi de remettre
en ses mains[4] la guerre contre Mithridate, parce
qu'aucun autre n'était capable de mieux la conduire,
Pompée étant encore engagé dans la guerre contre
Sertorius, et Metellus se trouvant hors jeu en raison
de son âge[5] ; or c'étaient là les deux seuls rivaux
que l'on pût opposer à Lucullus pour lui disputer ce
commandement.

Plutarque, *Lucullus*, 6, 5

Lucullus remporte de nettes victoires, notamment à
Tigranocerte contre Tigrane, roi d'Arménie, allié de
Mithridate, le 6 octobre 69.

Lui-même, emmenant deux cohortes, se porta
en hâte vers la colline, et ses soldats le suivirent en

4. Lucullus, né en 106, avait été un brillant lieutenant
de Sylla.
5. Metellus avait alors 57 ans.

déployant toute leur vigueur, parce qu'ils le voyaient
sous les armes peiner et faire effort tout le premier
comme un simple fantassin. Arrivé au sommet, il
s'arrête à l'endroit le plus en vue et crie à pleine
voix : « Victoire ! camarades, victoire ! » En disant
cela, il dirigeait les siens sur les cavaliers cuirassés
et leur recommandait de ne plus faire usage de leurs
javelots, mais d'engager le corps à corps et de frapper
les ennemis aux mollets et aux cuisses, seules parties
du corps qui n'étaient pas protégées. Mais l'on n'eut
même pas besoin de recourir à cette tactique, car les
cavaliers n'attendirent pas les Romains : ils s'enfuirent le plus honteusement du monde en poussant
des cris et se jetèrent de tout leur poids, eux et leurs
chevaux, dans les rangs de leur propre infanterie,
avant que celle-ci eût commencé à combattre, si
bien que toutes ces dizaines de milliers d'hommes
furent mis en déroute sans qu'il y eût un blessé,
sans qu'on eût vu une goutte de sang. Et le grand
carnage commença au moment où ils prirent la fuite,
ou plutôt voulurent la prendre, car ils n'y parvinrent
pas, empêtrés qu'ils étaient dans la masse compacte
et profonde des rangs de leurs compagnons d'armes.
Tigrane s'échappa à cheval dès le début de l'action
avec une poignée d'hommes autour de lui.

Plutarque, Lucullus, 28, 4-6

Mais Lucullus a des déboires avec ses propres troupes.

Il avait auprès de lui la commission envoyée pour régler la situation du Pont, que l'on avait cru soumis[6]. En arrivant, les commissaires s'aperçurent que Lucullus n'était même pas maître de sa personne, qu'il était insulté et outragé par ses propres soldats. Ceux-ci en étaient venus à un tel comble d'impudence envers leur général qu'à la fin de l'été, revêtant leurs armes et tirant leurs épées, ils provoquaient au combat des ennemis absents ou déjà disparus. Puis, poussant le cri de guerre et s'escrimant dans le vide, ils sortirent du camp, en attestant que le temps durant lequel ils étaient convenus de rester avec Lucullus était maintenant terminé.

Plutarque, *Lucullus*, 35, 6-8

En 66, à Rome, on décide de remplacer Lucullus par Pompée.

Quand on eut annoncé à Rome que la guerre des pirates avait pris fin et que Pompée, n'ayant plus rien à faire, passait son temps à visiter les villes, un des tribuns de la plèbe, Manilius, rédigea un projet de loi qui attribuait à Pompée tous les pays et toutes les forces armées que Lucullus commandait, en y joignant la Bithynie qui était aux mains de

---

6. Le Sénat avait envoyé dix commissaires auprès de Lucullus.

Glabrio[7], ainsi que la conduite de la guerre contre les rois Mithridate et Tigrane, avec la disposition de la flotte et la domination de la mer dans les conditions auxquelles il les avait initialement reçues.

Plutarque, *Pompée*, 30, 1

Le débat est passionné. Cicéron intervient en faveur de Pompée.

Croyez-vous qu'il existe dans ce pays une cité pacifiée par eux qui soit encore riche, et qu'il y ait une cité riche qui leur paraisse suffisamment pacifiée ? Si les villes de la côte, Sénateurs, ont réclamé Pompée, c'est non seulement dû à sa gloire militaire, mais à sa modération. Car elles voyaient que les préteurs, à l'exception de quelques-uns, s'enrichissaient chaque année des deniers publics[8] et qu'avec leurs fantômes de flottes ils ne nous procuraient, outre des pertes nouvelles, qu'une honte encore accrue aux yeux de tous. La cupidité qui anime les magistrats partant pour les provinces, les sacrifices, les engagements ruineux auxquels ils consentent, tout cela est ignoré sans doute de ceux qui n'admettent pas qu'on réunisse tous les pouvoirs aux mains d'un seul ! Comme

7. Glabrio, qui avait été consul en 67, administrait la Bithynie en 66.

8. Après l'exercice de leur charge, préteurs et consuls partaient administrer des provinces qu'ils mettaient souvent en coupe réglée.

si l'on ne voyait pas que ce sont les vices des autres autant que ses propres vertus qui font la grandeur et Pompée ! N'hésitez donc pas à confier tous les pouvoirs au seul homme que depuis tant d'années les alliés se soient réjouis de voir arriver dans leurs villes à la tête d'une armée.

Cicéron, *Sur les pouvoirs de Pompée*, 67-68

Parmi les qualités de Pompée, on lui reconnaît notamment celle d'avoir avec lui la Chance.

Quant à moi je suis persuadé que si l'on confia si souvent à Fabius Maximus[9], à Marcellus[10], à Scipion[11], à Marius et à d'autres grands généraux des commandements et des armées, ce n'est pas seulement en raison de leur mérite mais aussi en raison de leur chance. Car il y a eu, sans nul doute, certains hommes supérieurs, qui, en quelque mesure, ont été redevables de leur grandeur et de leur gloire, de leur réussite dans les grandes entreprises, à la faveur divine et à l'assistance de la Fortune.

[...] Je dirai seulement en très peu de mots que jamais personne ne fut assez téméraire pour oser

9. Nommé dictateur après la défaite du lac Trasimène (217), Fabius dit Cunctator (le « Temporisateur ») sut arrêter les progrès d'Hannibal.

10. Général romain (268-208). Cinq fois consul, il prit Syracuse pendant la deuxième guerre punique (212).

11. Scipion l'Africain vainquit Hannibal à Zama (202).

demander en secret aux dieux immortels des succès aussi nombreux et aussi éclatants qu'ils en ont spontanément accordés à Pompée. Puisse-t-il posséder en propre et conserver toujours ce privilège, Sénateurs; voilà ce que pour le salut de tous les citoyens et de l'Empire, ainsi que pour l'intérêt de Pompée lui-même, vous devez, comme vous le faites, désirer et demander aux dieux.

Cicéron, *Sur les pouvoirs de Pompée*, 47-48

Pompée joue mal la comédie.

La loi fut pourtant votée par les tribus unanimes, dit-on, et Pompée absent[12] fut investi de presque tous les pouvoirs que Sylla avait conquis par la guerre et les armes en s'emparant de la Ville. Quand il reçut la lettre et prit connaissance de ce qui avait été décidé, on raconte qu'en présence de ses amis qui le félicitaient il fronça les sourcils, se frappa la cuisse et s'écria, comme si le pouvoir désormais lui pesait et l'accablait :

— Ah ! ces luttes interminables ! combien je préférerais être un homme obscur, si je ne dois jamais cesser de faire la guerre et si je ne puis me dérober à cette envie qui m'entoure en vivant à la campagne avec ma femme !

---

12. Il était alors en Cilicie.

Ces paroles feintes déplurent même à ses intimes, car ils savaient qu'il ressentait une joie d'autant plus vive que son inimitié à l'égard de Lucullus attisait son ambition et son amour inné du pouvoir.

Plutarque, *Pompée*, 30, 6-8

La passation de pouvoir entre Lucullus et Pompée manque de chaleur.

Cependant leurs amis voulurent les réunir, et ils se rencontrèrent dans un bourg de Galatie. Ils se saluèrent courtoisement et se félicitèrent mutuellement de leurs victoires. Lucullus était l'aîné[13], mais Pompée avait plus de prestige, parce qu'il avait fait plus de campagnes et obtenu deux fois le triomphe.

[...] Mais ces entretiens n'aboutirent à aucun résultat satisfaisant et ils se séparèrent plus ennemis que jamais. Pompée cassa les ordonnances de Lucullus, emmena ses soldats et ne lui en laissa que seize cents pour prendre part à son triomphe, et encore ceux-ci ne le suivirent-ils qu'à regret.

Plutarque, *Lucullus*, 36, 2 et 4

Dans l'été 66, un combat décisif a lieu.

Dès le lever du jour, Mithridate et Pompée firent armer leurs troupes tandis qu'en bas des pentes les

---

13. Lucullus, né en 117, avait onze ans de plus que Pompée.

avant-postes escarmouchaient les uns contre les autres. Et voici que quelques cavaliers de Mithridate – sans leurs chevaux et sans en avoir reçu l'ordre ! – se portent au secours de leurs avant-postes. Comme des cavaliers romains en plus grand nombre les chargeaient, ces cavaliers démontés de l'armée de Mithridate regrimpaient en rangs serrés vers le camp : ils voulaient enfourcher leurs chevaux et rencontrer à armes égales l'assaillant romain. Mais ceux d'en haut, encore en train de s'armer, les aperçurent qui accouraient à toutes jambes en criant : ignorant ce qui se passait et conjecturant que ces gens fuyaient, ils jetèrent leurs armes et cherchèrent à s'enfuir, car ils pensaient que leur camp était désormais pris des deux côtés. Mais, comme l'endroit était sans issue, ils se bousculaient les uns les autres en refluant et, finalement, ils dévalèrent les pentes des précipices. Voilà comment Mithridate vit son armée anéantie dans la panique provoquée par l'emportement de ceux qui avaient décidé, sans ordres, de venir en aide aux troupes légères de première ligne. Ce fut une tâche aisée pour Pompée que de parachever sa victoire en massacrant et en capturant des gens encore désarmés, enfermés dans un lieu environné de précipices. On en tua dix mille environ et l'on s'empara du camp et de tout son équipement.

Appien, *La Guerre de Mithridate*, 100, 459-462

Tigrane, roi d'Arménie, se soumet.

À cette nouvelle, le vieux Tigrane, saisi de crainte, envoya un héraut à Pompée et lui livra les ambassadeurs de Mithridate, mais l'opposition de son fils l'empêcha d'obtenir des conditions raisonnables. D'un autre côté, Pompée, ayant franchi l'Araxe[14], s'était avancé jusque sous les murs d'Artaxata[15], malgré les démarches de Tigrane, qui, dans cette extrémité, lui abandonna la ville et se rendit volontairement dans son camp ; mais, afin de lui inspirer tout à la fois du respect et de la pitié, il prit soin que tout, dans son extérieur, tînt le milieu entre son ancienne dignité et son abaissement présent. Il se dépouilla donc de sa tunique coupée de raies blanches et de son manteau qui était tout de pourpre ; mais il garda sa tiare et la bandelette qui y était attachée.

Pompée envoya au-devant de lui un licteur chargé de le faire descendre de cheval ; car Tigrane, suivant la coutume de son pays, se disposait à pénétrer à cheval dans les retranchements des Romains. Mais lorsqu'il y fut entré à pied, qu'il eut déposé son diadème, qu'il se fut prosterné devant Pompée et l'eut salué avec dévotion, ce général, ému de compassion par un tel spectacle, s'élança vers lui, le releva, ceignit son front du bandeau royal, le fit asseoir à ses côtés et le consola en lui disant, entre autres choses, qu'il

14. Fleuve d'Arménie.
15. Capitale de l'Arménie, près de l'actuelle Erevan.

n'avait point perdu son royaume d'Arménie, mais gagné l'amitié des Romains. Après avoir ranimé son courage par ces paroles, il l'invita à souper.

Dion Cassius, *Histoire romaine*, 36, 50

En 64, il conquiert la Syrie et procède à des réorganisations.

Il envahit également la partie de la Cilicie qui n'était pas encore sujette de Rome, ainsi que le reste du royaume de Syrie : la province riveraine de l'Euphrate, celle que l'on appelle « Syrie Creuse », Phénicie et Palestine, ainsi que le pays des Iduméens, celui des Ituréens, et tous les autres cantons de la Syrie portant une dénomination particulière. Sans avoir à livrer combat, il réorganisa ces territoires dans l'intérêt des Romains.

Appien, *La Guerre de Mithridate*, 106, 499

En 63, il marche sur Jérusalem, profitant des dissensions entre le roi Hyrcan II et son frère Aristobule qui l'a détrôné.

Après avoir campé autour de Jéricho – canton où pousse le palmier et où l'on récolte l'*opobalsamon*, le plus précieux des parfums, qui coule, comme un suc, des troncs (de baumier) entaillés avec une pierre tranchante –, Pompée marcha dès l'aube sur Jérusalem. Aristobule changea alors de tactique, se rendit auprès de lui et promit de lui donner de l'argent et de le recevoir à Jérusalem, le suppliant de mettre fin à la guerre et d'arranger pacifiquement les choses à sa guise. Pompée, touché par ses prières, lui pardonna, et envoya Gabinius avec des troupes pour s'emparer de l'argent et de la ville. Mais rien ne s'accomplit : Gabinius revint sans avoir pu prendre ni l'argent ni la ville, dont les portes avaient été fermées devant lui ; les soldats d'Aristobule avaient refusé d'exécuter les clauses du traité. Pompée, irrité de cet insuccès, jeta Aristobule en prison et marcha lui-même sur la ville, qui était forte de tous les côtés, sauf sur le flanc nord, mal défendu : elle est, en effet, entourée d'un large et profond ravin, en deçà duquel se trouve le Temple, solidement fortifié d'une enceinte de pierre.

À l'intérieur de la ville régnait la sédition, les habitants ne s'entendant pas sur la conduite à adopter : les uns voulaient livrer la ville à Pompée ; les partisans d'Aristobule étaient d'avis de fermer les portes et de résister, puisque Pompée retenait Aristobule prisonnier. Ces derniers, prenant les devants, s'emparèrent du Temple et coupèrent le pont qui le reliait à la ville, se préparant à soutenir un siège. Les autres ouvrirent les portes à l'armée et livrèrent à Pompée la ville et le palais [...]

Du côté de la ville, les communications étaient impossibles, le pont ayant été coupé. Cependant les Romains, avec de grands efforts, élevèrent jour par jour une terrasse d'approche, en abattant les forêts des environs.

[…]

Sans la tradition qui nous oblige au repos tous les sept jours, la terrasse n'aurait pu être élevée ; les assiégés s'y seraient opposés ; mais si la loi permet de se défendre au cas où l'ennemi engagerait le combat et porterait des coups, elle l'interdit hors ces cas, quoi que fasse l'adversaire.

Les Romains, qui le savaient bien, se gardèrent, les jours que nous appelons sabbat, de tirer sur les Juifs et d'en venir aux mains, se contentant d'apporter de la terre, d'élever des tours, d'avancer leurs machines, afin que tout fût prêt pour le lendemain.

[…]

Dès que, sous l'effort des machines de guerre, la plus élevée des tours se fut écroulée et eut ouvert une brèche, les ennemis s'y précipitèrent. […]

Il périt environ douze mille Juifs, mais fort peu de Romains. Absalon, oncle et beau-père d'Aristobule, fut fait prisonnier. De graves sacrilèges furent commis dans le sanctuaire, dont l'accès était jusque-là interdit et où nul ne pouvait porter les yeux : Pompée, avec une suite nombreuse, y pénétra ; ils virent tout ce qu'il est interdit de voir aux autres hommes, hors les seuls grands prêtres. Il y avait là la table d'or, les chandeliers sacrés, des vases à libations, des quantités de parfums, sans compter, dans les caisses, environ deux mille talents composant le trésor sacré : Pompée ne toucha à rien, par piété, agissant ainsi d'une manière digne de sa vertu. Le lendemain, après avoir fait nettoyer

le Temple par les serviteurs et offrir à Dieu les sacrifices prescrits par la loi, il conféra la grande prêtrise
à Hyrcan, en reconnaissance de tous les services que
celui-ci lui avait rendus, et notamment parce qu'il
avait empêché les Juifs de la campagne de faire cause
commune avec Aristobule, puis il fit trancher la tête
aux promoteurs de la guerre.

Pompée rendit Jérusalem tributaire des Romains ;
il enleva aux Juifs les villes de la Syrie Creuse dont
ils s'étaient rendus maîtres et soumit celles-ci à
l'autorité du gouverneur romain ; ainsi, il ramena
dans ses anciennes frontières ce peuple juif naguère
si ambitieux.

Flavius Josèphe, *Antiquités judaïques*, 14, 4

*Pendant ce temps, bien que traqué, Mithridate continue
à méditer des projets grandioses.*

Bien au contraire il projetait de passer chez les
Gaulois (dont à cette fin il cultivait depuis longtemps l'amitié) et d'envahir avec eux l'Italie[16]. Il
espérait que, même dans l'Italie proprement dite, de
nombreuses peuplades se joindraient à lui par haine
des Romains. Il entendait dire en effet qu'Hannibal
lui aussi avait agi de la sorte quand on lui faisait la
guerre en Ibérie, et que cela l'avait rendu immen-
sément redoutable aux Romains. Il savait en outre

---

16. Il s'agit des Celtes danubiens.

que, naguère encore, poussée par la haine, l'Italie
presque entière s'était rebellée contre les Romains,
qu'elle avait très longtemps guerroyé contre eux et
que, contre eux, elle avait fait cause commune avec
le gladiateur Spartacus, un homme appartenant à la
lie de la société.

Appien, *La Guerre de Mithridate*, 109, 519

*Mais, à Panticapée où il réside, son fils complote contre
lui.*

Réveillé par la clameur, Mithridate envoya certaines
personnes s'enquérir de ce que désiraient les braillards.
Ceux-ci, sans déguiser leurs sentiments :

– Nous voulons, dirent-ils, que ton fils règne,
un jeune à la place d'un vieux qui est entièrement
le jouet des eunuques et a d'ores et déjà fait mettre
à mort beaucoup de ses fils, de ses chefs militaires
et de ses amis. [...]

En même temps ils désignaient Mithridate.
Ils eurent le temps de tuer son cheval, alors que
lui-même avait pris la fuite, et ils proclamèrent
Pharnace roi, puisqu'ils étaient désormais maitres
de la situation.

[...] Mithridate détacha le poison que, près de son
épée, il portait partout avec lui, et il le délaya dans du
liquide. Deux de ses filles qui, encore vierges, étaient
élevées près de lui, Mithridatis et Nyssa (promises en
mariage aux rois d'Égypte et de Chypre), insistaient

pour prendre avant lui du poison : elles s'accrochaient à lui et l'empêchaient de boire jusqu'au moment où elles en reçurent une part qu'elles burent.

Sur elles, le poison agit immédiatement ; Mithridate en revanche n'en ressentait pas les atteintes, bien qu'intentionnellement il marchât sans relâche : c'était l'effet de l'habitude et de la familiarité avec d'autres drogues, dont il usait continuellement pour se préserver des poisons. Et on les appelle encore aujourd'hui « drogues mithridatiques ». Ayant avisé un certain Bitoitos, un officier gaulois, il lui dit :

— J'ai souvent bénéficié du secours de ton bras contre les ennemis, mais j'en bénéficierai au plus haut degré si tu veux bien me régler mon compte quand je cours le risque d'être arrêté et mené dans le cortège du triomphe, moi qui fus si longtemps le maître absolu et le roi d'un si vaste empire, et qui ne parviens pas à mourir par le poison pour m'être sottement immunisé contre d'autres poisons. Car, vois-tu, je n'avais pas prévu le poison le plus dangereux, celui qui hante en permanence la demeure des rois — je veux dire la déloyauté de l'armée, des enfants, des amis —, moi qui avais prévu tous les poisons susceptibles d'accompagner un repas et m'étais prémuni contre eux.

Envahi par la pitié, Bitoitos apporta au roi l'aide qu'il réclamait, et Mithridate mourut.

Appien, *La Guerre de Mithridate*, 111 - 112, 540

Mithridate fut un rude adversaire pour Rome.

Il affronta sur les champs de bataille les meilleurs généraux et, s'il fut vaincu par Sylla, par Lucullus et par Pompée (encore que, même sur ceux-là, il eût souvent remporté nettement l'avantage), il promena partout Lucius Cassius[17], Quintus Oppius[18] et Manius Aquillius,[19] qu'il avait capturés. Il finit par mettre à mort ce dernier, qui portait la responsabilité de la guerre, et rendit les autres à Sylla. Il vainquit également Fimbria[20], Murena[21], le consul Cotta,[22] Fabius [23]et Triarius[24]. Même dans l'adversité, il se montra toujours un homme d'un grand caractère et d'une endurance à toute épreuve. À la vérité, même vaincu, il ne négligea aucune démarche contre les Romains en vue de les attaquer, lui qui conclut des traités avec

17. En fait, Cassius, proconsul d'Asie en 89, ne fut pas capturé.

18. Gouverneur de Cilicie.

19. Général envoyé par Rome combattre Mithridate en 91. Oppius et lui furent bien capturés par Mithridate.

20. Sénateur envoyé par Cinna et Marius pour remplacer Sylla, déclaré ennemi du peuple, dans la guerre contre Mithridate.

21. Lieutenant de Sylla .Il avait été laissé par lui en Asie lors de son retour à Rome.

22. Gouverneur de Bithynie, il s'enfuit lorsque Mithridate reprit la guerre après le départ de Sylla.

23. Légat que Lucullus avait laissé dans le royaume du Pont.

24. Légat de Lucullus.

les Samnites et les Gaulois, et envoya des émissaires
en Espagne auprès de Sertorius. Souvent blessé par
l'ennemi (et par d'autres aussi à l'occasion de com-
plots…), il ne renonça, même dans cet état, à aucune
de ses entreprises, bien qu'il fût un vieillard.

Appien, *La Guerre de Mithridate*, 112, 544-547

Le plus grand, selon Cicéron.

Or, si vous considérez avec attention ce que
furent la puissance de Mithridate, ses actions, sa
personnalité, vous n'hésiterez pas à mettre ce roi
au-dessus de tous ceux que le peuple romain a
combattus.

Cicéron, *Pro Murena*, 15, 32

*En quelques années, Pompée agrandit l'Empire romain
de façon impressionnante.*

Au cours de cette seule et unique guerre, Pompée
avait purgé la mer des pirates et abattu un très grand
roi et, si l'on fait abstraction de la guerre du Pont, il
s'était mesuré sur les champs de bataille aux habitants
de la Colchide, aux Albaniens, aux Ibères du Caucase,
aux Arméniens, aux Mèdes, aux Arabes, aux Juifs et
autres peuples orientaux, et il avait étendu jusqu'à
l'Égypte les frontières de l'Empire romain. [...]
Parmi les nations conquises, les unes conservèrent
leur autonomie, en raison de leur statut d'alliés ;
d'autres furent immédiatement placées sous l'autorité

des Romains[25], tandis que d'autres encore étaient distribuées pour constituer des royaumes.

Appien, *La Guerre de Mithridate*, 114, 556-558

25. La Syrie et le Pont-Bithynie, deux nouvelles provinces constituées par Pompée.

LE RETOUR À ROME

En revenant d'Orient, Pompée s'offre une excursion culturelle.

Quand Pompée eut mis en ordre et réglé les affaires d'Asie, il poursuivit son voyage avec plus de solennité. Arrivé à Mytilène, il donna la liberté à la ville par égard pour Théophane[1], et il assista au concours traditionnel des poètes, qui prirent alors ses exploits pour unique sujet. Ravi de la beauté du théâtre, il en fit dessiner la forme et le plan, dans l'intention d'en élever à Rome un pareil, mais en plus grand et plus imposant. Arrivé à Rhodes il entendit tous les sophistes et donna un talent à chacun d'eux. Posidonios[2] a rédigé le discours qu'il prononça en sa présence pour réfuter le rhéteur Hermagoras[3] à propos de la recherche universelle. À Athènes, il tint la même conduite à l'égard des philosophes

---

1. Théophane de Mytilène fut conseiller politique et historiographe de Pompée.
2. Historien et philosophe stoïcien né à Apamée (Syrie) (135-50).
3. Hermagoras de Temnos, rhéteur grec qui enseigna la rhétorique à Rome.

et fit présent à la ville de cinquante talents pour sa restauration.

Plutarque, *Pompée*, 42, 7-11

Avant même son retour dans la Ville, il divorce de sa troisième femme, Mucia.

Mucia l'avait trompé pendant son absence. Tant qu'il fut loin, il méprisa les propos qu'on tenait à ce sujet, mais, arrivé près de l'Italie, il réfléchit sans doute plus à loisir et pesa mieux ses griefs, si bien qu'il envoya à sa femme un acte de répudiation, sans lui écrire, ni alors ni plus tard, les raisons pour lesquelles il se séparait d'elle.

Plutarque, *Pompée*, 42, 13

On connaît même l'amant…

Tout le monde s'accorde à dire que Jules César était porté au plaisir, généreux dans ses amours, et qu'il séduisit un très grand nombre de femmes d'une illustre naissance, entre autres Postumia, l'épouse de Servius Sulpicius, Lollia, celle d'Aulus Gabinius, Tertulla, celle de Marcus Crassus, et même Mucia, la femme de Cn. Pompée.

Suétone, *César*, 50, 1

L'annonce du retour de Pompée suscite à Rome une grosse émotion.

Il courait à Rome des bruits de toute sorte sur Pompée, et l'émotion y était grande : on craignait qu'il ne fît marcher immédiatement son armée contre la Ville et n'y établît solidement un pouvoir absolu. Crassus en sortit secrètement avec ses enfants et ses richesses, soit qu'il eût véritablement peur, soit plutôt, semblait-il, pour accréditer cette calomnie et rendre plus âpre l'envie qu'on portait à Pompée[4]. Mais, dès que Pompée eut mis le pied en Italie, il réunit ses soldats en assemblée, leur adressa une harangue appropriée à la circonstance, y ajouta des paroles amicales et leur enjoignit de se disperser chacun dans leur ville et de s'occuper de leurs affaires personnelles, en se souvenant seulement de venir le rejoindre pour son triomphe. Quand l'armée se fut ainsi dissoute et que tout le monde le sut, l'effet produit fut extraordinaire : les villes, voyant Pompée le Grand s'avancer sans armes, escorté par un petit nombre de ses familiers comme au retour d'un simple voyage, se répandirent affectueusement sur son passage et l'accompagnèrent jusqu'à Rome en une véritable armée, supérieure en nombre à la sienne, de sorte que, s'il avait songé à renverser le

---

4. Les victoires de Pompée avaient suscité de nombreuses jalousies, dont celle de Crassus.

gouvernement en faisant une révolution, il n'aurait pas eu besoin de ses troupes.

Plutarque, *Pompée*, 43

À Rome, la situation était d'autant plus tendue que l'année précédente un aventurier, Catilina, avait tenté un coup d'état.

Catilina fut poussé d'abord par la débauche, puis par la pauvreté qui en résultait, par l'occasion aussi (les armées romaines sillonnaient alors les extrémités du monde) au criminel projet de détruire sa patrie : poignarder les sénateurs, égorger les consuls, tenir partout la Ville en haleine par des incendies, piller le trésor, enfin détruire de fond en comble tout l'État et faire tout le mal qu'Hannibal lui-même ne semblait pas avoir souhaité, voilà – et avec quels alliés, ô sacrilège ! – ce qu'il entreprit. Lui-même, il était patricien, mais il n'était pas le seul : il y avait les Curius, les Porcius, les Sylla, les Cethegus, les Autronius, les Vargunteius et les Longinus. Quelles familles ! Quelles gloires dans le Sénat ! Lentulus aussi, qui précisément se trouvait alors préteur ! Voilà tous ceux qu'il eut comme complices dans son crime monstrueux.

Florus, *Abrégé d'histoire romaine*, 2, 12, 1-3

En 63, Cicéron étant consul, le complot est éventé in extremis.

Le portier de Crassus avait remis à son maître après le dîner des lettres apportées par un inconnu et adressées à divers personnages ; une seule était pour Crassus, et elle était anonyme ; Crassus ne lut que celle-là ; comme elle lui annonçait qu'un grand massacre allait être commis par Catilina et qu'elle lui conseillait de s'échapper de la Ville, il ne décacheta pas les autres, et s'en vint aussitôt trouver Cicéron, car il était effrayé du danger et voulait aussi se laver des accusations dont il était l'objet à cause de son amitié avec Catilina[5]. Cicéron, après en avoir délibéré, convoqua le Sénat au lever du jour et, ayant apporté les lettres, les remit à leurs destinataires en les priant de les lire tout haut. Toutes dénonçaient également le complot.

Plutarque, *Cicéron*, 15, 2-4

Catilina s'enfuit. Ses complices sont exécutés.

Le lendemain, le Sénat délibéra sur la punition à infliger aux conspirateurs. […]

Donc César, quand son tour fut venu, se leva et déclara qu'il n'était pas d'avis de mettre à mort les conjurés, mais de confisquer leurs biens, de les

5. Crassus, comme César, était soupçonné d'avoir participé au complot.

reléguer eux-mêmes dans les villes d'Italie que dési-
gnerait Cicéron et de les tenir prisonniers jusqu'à la
défaite de Catilina. [...]

Caton, qui parla après lui, insista fortement sur
les soupçons que l'on avait contre César, et il inspira
aux sénateurs tant de colère et de courage qu'ils
votèrent la mort des conjurés.

[...]

Lorsque Cicéron eut traversé le Forum et atteint
la prison, il mit Lentulus[6] entre les mains du bourreau, avec ordre de le faire périr. Ce fut ensuite le
tour de Cethegus[6], et chacun des autres fut de même
amené et tué. Voyant qu'il restait encore beaucoup
de conjurés assemblés et massés au Forum, lesquels
ignoraient l'exécution et attendaient la nuit dans la
pensée que les prisonniers étaient encore en vie et
qu'on pourrait les délivrer, Cicéron leur cria d'une
voix forte : « Ils ont vécu ! » C'est ainsi qu'à Rome
on exprime la mort quand on veut éviter des paroles
de mauvais augure.

Plutarque, *Cicéron*, 20, 4 ; 21, 1 et 4 ; 22, 3-4

_____

6. Complices de Catilina.

Dans toute cette période, le sénateur Caton le Jeune sera la figure de proue des républicains conservateurs, les Optimates, *terme que l'on traduira par les « Aristocrates ».*

Ces réflexions peuvent s'appliquer à Caton le Jeune. Lui non plus n'avait pas un caractère propre à persuader ni à séduire le peuple, et son prestige politique ne dut rien à la complaisance. Cicéron dit de lui que c'est en voulant se comporter comme dans la République de Platon, et non pas comme dans la fange de Romulus, qu'il échoua lors de sa candidature au consulat[7]. Il lui advint, selon moi, ce qui arrive aux fruits venus hors saison : on les voit avec plaisir, on les admire, mais on n'en use pas. De même, les mœurs antiques de Caton, apparaissant après plusieurs siècles dans une société corrompue et dépravée, lui valurent beaucoup de renommée et de gloire, mais elles n'étaient pas ajustées aux nécessités de la politique, à cause de l'austérité et de la grandeur de sa vertu, disproportionnées par rapport à l'époque où il vivait. En fait, lorsque parut Caton, sa patrie ne penchait pas encore vers la ruine, mais elle était agitée par une grande tempête, et, dans la direction du vaisseau de l'État, il mit seulement la main aux voiles et aux cordages à côté d'hommes plus puissants que lui[8], et il fut écarté du gouvernail

7. Pour l'année 51.
8. César et Pompée.

et de la barre, ce qui d'ailleurs ne l'empêcha pas de livrer un grand combat contre la Fortune.

Plutarque, *Phocion*, 3, 1-4

Pendant ce temps, en 63, le jeune César, qui s'appuie sur la plèbe, poursuit son ascension.

Sur ces entrefaites, le grand pontife Metellus était mort, le sacerdoce[9], dignité fort recherchée, fut brigué par Isauricus[10] et Catulus[11], personnages très en vue et qui avaient une très grande influence dans le Sénat ; loin de leur céder le pas, César se présenta devant le peuple et posa contre eux sa candidature.

[…] Quand le jour de l'élection fut arrivé, comme sa mère l'accompagnait à la porte non sans verser des larmes, César lui dit en l'embrassant :

– Aujourd'hui, mère, tu verras ton fils grand pontife ou fugitif.

Le vote ayant eu lieu, César l'emporta dans la compétition, ce qui fit craindre au Sénat et à l'aristocratie qu'il ne poussât le peuple à tout oser.

Plutarque, *César*, 7, 1 et 3

9. Le grand pontife était le chef de la religion nationale.

10. P. Servilius Isauricus, consul en 79, avait obtenu le triomphe pour sa victoire sur les Isauriens, peuple d'Asie Mineure.

11. Catulus, consul en 78, était *princeps senatus*, c'est-à-dire le premier dans le classement honorifique.

Hésitant sur la marche à suivre, Pompée cherche un rapprochement avec les Aristocrates.

Convaincu qu'il allait se heurter à de rudes écueils s'il n'avait pas Caton pour ami, il chargea Munatius, familier de Caton, de demander en mariage deux nièces de Caton alors nubiles, la plus âgée pour lui-même, la plus jeune pour son fils. Quelques-uns prétendent qu'il ne s'agissait pas de nièces mais de filles de Caton. Munatius ayant présenté cette proposition à Caton, à sa femme et à ses sœurs, celles-ci furent ravies de cette perspective d'alliance, en raison de la grandeur et du prestige de Pompée, mais Caton en fut blessé et, sans hésiter ni délibérer, il dit tout aussitôt :

– Va, Munatius, va dire à Pompée que l'on ne peut prendre Caton par les femmes. Ajoute qu'il apprécie ses bonnes intentions et que, si Pompée agit toujours avec justice, Caton aura pour lui une amitié plus sûre que toutes alliances, mais qu'il ne livrera jamais à la gloire de Pompée des otages contre la patrie.

Les femmes furent fâchées de ce refus, et les amis de Caton blâmèrent cette réponse si rude et si hautaine. Cependant, quelque temps après, Pompée, pour soutenir la candidature d'un de ses amis au consulat, répandit de l'argent dans les tribus, et la corruption fit d'autant plus de bruit que les sommes d'argent étaient distribuées dans les jardins de Pompée. Caton dit alors aux femmes de sa maison qu'il aurait forcément sa part de honte dans de telles pratiques s'il était uni à Pompée par une alliance, et elles durent convenir qu'en refusant il avait pris la meilleure décision

Plutarque, *Caton le Jeune*, 30, 3-8

En septembre 61, Pompée reçoit un troisième triomphe grandiose...

Quant au triomphe, bien qu'il fût réparti entre deux journées[12], le temps fut trop court pour son importance, et l'on dut écarter du spectacle beaucoup d'objets qui avaient été préparés et qui auraient suffi pour décorer dignement une autre pompe. En tête du cortège, des écriteaux indiquaient les pays dont Pompée triomphait, à savoir le Pont, l'Arménie, la Cappadoce, la Paphlagonie, la Médie, la Colchide, les Ibériens, les Albans, la Syrie, la Cilicie, la Mésopotamie, la Phénicie, la Palestine, la Judée, l'Arabie, et tous les pirates vaincus sur mer et sur terre. On y lisait que Pompée avait pris au moins mille forteresses, près de neuf cents villes, enlevé aux pirates huit cents vaisseaux et fondé trente-neuf cités. Les écriteaux disaient encore que les revenus de l'État, qui montaient auparavant à cinquante millions de drachmes, avaient été portés par lui à quatre-vingt-cinq millions, et qu'il apportait au trésor public, tant en numéraire qu'en objets d'argent et

12. 28 et 29 septembre.

d'or, vingt mille talents, sans compter les dons faits aux soldats, dont le moins avantagé avait reçu pour sa part quinze cents drachmes. Les prisonniers conduits dans le cortège furent, outre les chefs des pirates, le fils de Tigrane l'Arménien avec sa femme et sa fille, et la femme du roi Tigrane lui-même Zosimè, le roi des Juifs Aristobule, la sœur, cinq enfants et des femmes scythes de Mithridate, des otages des Albans, des Ibériens et du roi de Commagène. On voyait en outre une foule de trophées, en nombre égal à toutes les victoires qu'il avait remportées par lui-même ou par ses lieutenants. Mais ce qui mettait le comble à sa gloire et qui n'était jamais arrivé à aucun Romain, c'est qu'il célébrait son troisième triomphe sur le troisième continent : d'autres sans doute avant lui avaient triomphé trois fois, mais Pompée, après avoir triomphé d'abord de la Libye[13], puis de l'Europe[14], semblait, en triomphant en dernier lieu de l'Asie, avoir en quelque sorte soumis par ses trois triomphes le monde entier.

Plutarque, *Pompée*, 45

13. Le premier triomphe résultait de sa campagne de Libye en 70.
14. Le deuxième triomphe concernait sa victoire en Espagne en 70.

... mais il joue mal en faisant élire au consulat Afranius, une nullité.

Quant au fils d'Aulus, on peut dire à le voir faire que ce consulat n'est pas un consulat. C'est un soufflet que s'est donné Pompée.

Cicéron, *Lettres à Atticus*, 1, 20, 5

En fait, Pompée tenait à faire passer deux projets.

Sur ces entrefaites, Pompée arriva en Italie et fit élire consuls L. Afranius et Metellus Celer. Il comptait, mais à tort, sur leur concours pour exécuter tous ses projets qui consistaient, entre autres choses, à faire distribuer certaines terres aux soldats qui avaient servi sous ses ordres et à obtenir la ratification de tous ses actes[15] ; mais il ne put y parvenir alors. Les Aristocrates, déjà mécontents de lui, empêchèrent que ses actes ne fussent en ce moment approuvés ; et des deux consuls, l'un, Afranius (il s'entendait mieux à danser qu'à gouverner l'État), ne lui fut d'aucun secours ; l'autre, Metellus, irrité de ce que Pompée avait répudié sa sœur quoiqu'il en eût des enfants, lui fut très opposé en tout. Enfin Lucius Lucullus que Pompée avait traité avec arrogance dans l'entretien qu'il avait eu avec lui en Galatie, lui faisait une guerre acharnée.

Dion Cassius, *Histoire romaine*, 37, 49

15. Il s'agit des décisions qu'il avait prises lors de ses guerres en Asie.

Déçu par cet échec, il se tourne vers les meneurs de la plèbe.

Repoussé et tenu à l'écart, Pompée fut alors contraint de recourir aux tribuns de la plèbe et de s'acoquiner à des jeunes gens, dont le plus odieux et le plus insolent, Clodius, s'empara de lui pour le livrer au peuple. Sans égard pour sa dignité, il le poussait à traîner sans cesse au Forum et il l'y promenait, l'employant comme garant des propositions écrites ou verbales qu'il faisait en vue de complaire au peuple et de le flatter.

Plutarque, *Pompée*, 46, 7-8

LE TRIUMVIRAT

60-56

César poursuit son ascension.

Telles furent les considérations qui déterminèrent alors César à s'insinuer dans les bonnes grâces de Pompée et de Crassus et à rétablir la concorde entre eux. Il était convaincu qu'il ne pourrait jamais devenir puissant sans eux, et il espérait ne jamais les choquer ni l'un ni l'autre. Il ne craignait pas non plus qu'une fois réconciliés ils devinssent plus puissants que lui ; sachant bien qu'avec leur amitié il s'élèverait tout de suite au-dessus des autres, et que bientôt après ils contribueraient l'un et l'autre à le rendre plus puissant qu'eux, ce qui arriva en effet. Voilà dans quel but César les réconcilia et chercha à se les attacher.

Dion Cassius, Histoire romaine, 37, 56

Revenu de sa propréture en Espagne, César brigue le consulat.

César alors décida de renoncer au triomphe pour s'attacher au consulat[1]. Il se présenta dans la Ville et

---

1. Un candidat au consulat devait se présenter lui-même, donc être physiquement présent à Rome.

sur-le-champ exécuta une manœuvre qui trompa tout le monde, sauf Caton : ce fut la réconciliation, par ses soins, de Pompée et de Crassus, les personnages les plus influents de l'État. César les rapprocha, fit de ces ennemis des amis et concentra en lui-même ce qu'ils avaient de force à eux deux, dissimulant ainsi sous l'apparence d'un acte généreux une véritable révolution. En effet, ce n'est pas, comme on le croit généralement, le différend de César et de Pompée qui fut la cause des guerres civiles, mais plutôt leur amitié, car ils s'unirent d'abord pour renverser l'aristocratie, et ce n'est qu'ensuite qu'ils entrèrent en conflit.

Plutarque, *César*, 13, 2-5

Ainsi naît le premier triumvirat en 60.

C'est ainsi et pour de tels motifs que ces trois hommes firent amitié. Ils sanctionnèrent leur alliance par des serments et s'emparèrent du gouvernement de l'État. Dès lors ils s'accordèrent et obtinrent les uns des autres tout ce qu'ils désiraient et tout ce qui était nécessaire pour diriger la République comme ils l'entendaient. Quand ils se furent unis, les factions qui leur étaient dévouées se concertèrent aussi et firent impunément, sous leur conduite, tout ce qui leur plut.

Dion Cassius, *Histoire romaine*, 37, 57

César propose immédiatement une loi agraire.

L'année suivante, César chercha à gagner l'affection de tout le peuple, pour le tenir davantage sous sa dépendance. César fit partager toutes les terres qui composaient le domaine public, à l'exception de la Campanie (il pensa que ce pays, en raison de sa fertilité, devait être réservé pour l'État) : il voulut qu'aucune de ces terres ne fût enlevée de force aux propriétaires, ni vendue à un prix fixé par les commissaires chargés du partage ; mais qu'elles fussent cédées volontairement et payées au prix porté sur le registre du cens. Il disait qu'il restait dans le trésor public des sommes considérables, provenant du butin fait par Pompée ou des impôts et des taxes établis antérieurement, et que cet argent conquis par les citoyens, au péril de leurs jours, devait être dépensé pour eux.

Dion Cassius, *Histoire romaine*, 38, 1

Pompée le soutient.

César demanda à la foule si elle approuvait ses lois ; sur sa réponse affirmative, il lui demanda de le soutenir contre ceux qui menaçaient de résister l'épée à la main. La foule promit. Pompée ajouta même qu'il viendrait opposer aux épées son épée et son bouclier. Cette attitude de Pompée choqua les Aristocrates, de tels propos paraissant indignes du respect dont on l'entourait et peu conformes aux égards qu'il devait au Sénat ; c'était là le langage d'un jeune écervelé. Mais le peuple, lui, fut ravi.

Plutarque, *César*, 14, 4-6

Les projets passent en force.

Puis on envoya Caton qui, grâce à sa jeunesse, se fraya un chemin à travers la foule et entreprit de la haranguer ; mais sans délai il fut enlevé par les hommes de César et expulsé ; puis, en empruntant sans être vu d'autres rues, il se précipita de nouveau à la tribune et, désespérant de s'expliquer alors que plus personne n'écoutait, il se mit à crier des insultes grossières à l'adresse de César jusqu'à ce que, sans délai, il en fût arraché et que César fît ratifier ses lois.

Appien, *Les Guerres civiles à Rome*, 2, 11

Pompée a enfin satisfaction.

Ayant ainsi écarté du Forum les opposants, on fit ratifier la loi sur la distribution des terres. Le peuple, séduit par cet appât, fut dès lors apprivoisé et se montra enclin à approuver, sans se poser aucune question, tous les projets qu'on lui présentait et auxquels il apportait en silence son suffrage. On confirma ainsi les ordonnances de Pompée contestées par Lucullus.

Plutarque, *Pompée*, 48, 2-4

Quatrième mariage de Pompée, qui devient le gendre de César.

César avait une fille, Julia, fiancée à Servilius Caepio ; il l'accorda à Pompée[2], et promit d'unir Servilius à la fille de Pompée, qui, elle-même, n'était pas libre, car elle était promise à Faustus, fils de Sylla. Peu de temps après, César lui-même épousa Calpurnia, fille de Pison, qu'il fit élire consul par la suite. Ici encore Caton protesta en criant avec véhémence :

– Il est intolérable que l'on prostitue l'autorité publique par des mariages et qu'on se serve de femmes pour se distribuer entre compères provinces, armées et pouvoirs !

Plutarque, *César*, 14, 7-8

Ce fut une union heureuse.

Mais bientôt Pompée se laissa aussi amollir par son amour pour sa jeune femme, ne s'occupant que d'elle et passant avec elle des jours entiers à la campagne ou dans ses jardins, sans s'inquiéter de ce qui pouvait arriver au Forum, en sorte que Clodius, alors tribun du peuple, en conçut pour lui du mépris et se porta aux pires insolences.

Plutarque, *Pompée*, 48, 8

2. Ce quatrième mariage de Pompée provoqua la stupéfaction générale, d'autant plus que Pompée avait répudié sa troisième femme parce qu'elle avait été la maîtresse de César.

Les républicains sont violemment hostiles au triumvirat.

La République est en train maintenant de mourir d'une maladie nouvelle, qui est la suivante : alors que tout le monde blâme ce qui a été fait, s'en plaint, en souffre, qu'il n'y a là-dessus nulle discordance, qu'on parle à découvert et qu'on gémit tout haut, nul remède cependant n'est apporté : c'est que d'une part nous ne croyons pas qu'il puisse y avoir résistance sans tuerie et que d'autre part nous ne voyons de terme à nos abandons que dans l'anéantissement final.

[...]

Que sortira-t-il de tout cela ? Je me le demande en tremblant.

Cicéron, Lettres à Atticus, 2, 20, 3

Le triumvirat doit faire face aux menées de Clodius, un démagogue, élu tribun en 59.

Clodius, espérant venir bientôt à bout de Cicéron, s'il gagnait d'abord le Sénat, les chevaliers et le peuple, demanda de nouveau qu'on fît des distributions de blé gratuites (il avait proposé, Gabinius et Pison étant déjà consuls, de donner du blé aux pauvres). Il rétablit les associations, appelées collèges dans la langue latine et dont l'institution était ancienne, mais qui avaient été dissoutes pendant quelque temps. Il défendit aux censeurs de faire disparaître un citoyen de la liste des magistrats ou de le noter d'infamie ;

à moins qu'il n'eût été jugé et condamné par les deux censeurs[3].

> Dion Cassius, *Histoire romaine,* 38, 13, 1-2

Clodius écarte Caton...

De son côté, Clodius non plus n'espérait pas abattre Cicéron tant que Caton serait présent. Voici donc ce qu'il imagina aussitôt qu'il fut entré en charge. Il fit venir Caton et lui dit que, le regardant comme le plus pur des Romains, il était prêt à lui donner une preuve effective de sa confiance, que, beaucoup de gens demandant à être envoyés à Chypre auprès de Ptolémée et sollicitant cette mission, il jugeait Caton seul digne de la remplir et avait le plaisir de lui offrir cette faveur[4]. Comme Caton se récriait en disant que cette proposition était un piège et un outrage, bien loin d'être une faveur, « eh bien, reprit Clodius d'un ton hautain et dédaigneux, si tu ne vois pas là une faveur, tu iras à ton corps défendant ». Et il se rendit aussitôt à l'assemblée du peuple, où il fit ratifier par une loi la mission de Caton.

> Plutarque, *Caton le Jeune*, 34, 3-5

---

3. Un citoyen noté d'infamie par un censeur était exclu du Sénat et de toute magistrature.

4. Chypre avait alors pour roi Ptolémée, frère cadet du roi d'Égypte, Ptolémée Aulète. Les triumvirs avaient décidé d'annexer l'île à l'empire romain.

... puis Cicéron, exilé en 58.

Du reste, la loi proposée ensuite par Clodius ne paraissait pas faite contre Cicéron dont le nom n'y figurait même pas ; mais contre tous ceux qui mettraient ou qui avaient mis à mort un citoyen non condamné par le peuple[5] ; cependant c'était contre lui surtout qu'elle était dirigée. Elle attaquait aussi tout le Sénat qui, ayant chargé les consuls de veiller sur Rome, ce qui leur avait conféré le droit d'ordonner ce qui s'était fait, avait par cela même condamné Lentulus et les conjurés[6] mis à mort à cette époque ; mais Cicéron qui les avait accusés, qui avait déposé contre eux plusieurs propositions, qui avait rendu le décret qui les avait fait exécuter par la main du bourreau, fut regardé comme seul coupable, ou du moins comme le plus coupable. Aussi repoussa-t-il avec énergie les attaques de Clodius : il quitta la robe de sénateur et se promena avec celle de chevalier dans les divers quartiers de Rome. Parcourant la Ville, la nuit et le jour, il faisait sa cour à tous les hommes qui avaient quelque crédit, qu'ils fussent ses amis ou ses adversaires, et particulièrement à Pompée et à César, qui n'avaient pas encore affiché de haine contre lui.

Dion Cassius, *Histoire romaine*, 38, 14

5. Les conjurés de Catilina n'avaient effectivement pas été condamnés par le peuple mais par le Sénat.
6. Les conjurés du complot de Catilina.

Pompée lâche Cicéron.

Il demanda alors le secours de Pompée, qui s'était retiré volontairement à l'écart et séjournait dans sa campagne d'Albe[7]. Tout d'abord Cicéron y envoya son gendre Pison intercéder pour lui, puis il s'y rendit en personne. Pompée, informé de sa venue, n'osa pas soutenir sa vue, car il avait terriblement honte devant l'homme qui avait mené pour lui de grands combats et fait adopter tant de mesures politiques en sa faveur, mais, étant le gendre de César, à la demande de celui-ci, il sacrifia ses anciennes obligations et, s'échappant par une autre porte, il évita l'entrevue.

Plutarque, *Cicéron*, 31, 2-3

Puis c'est à Pompée que s'en prend Clodius.

Voyant que, César une fois parti pour la Gaule[8], c'était à lui-même que le peuple s'attachait, parce que tous ses actes et toute sa politique visaient à lui plaire, il entreprit aussitôt de faire casser quelques-unes des ordonnances de Pompée, il enleva son prisonnier Tigrane et le garda avec lui[9], puis fit poursuivre en justice des amis de Pompée, pour mesurer sur eux jusqu'où allait le crédit du grand homme. Enfin, un

7. Pompée avait une belle villa sur les bords du lac d'Albano.
8. C'est en 58 que César part à la conquête de la Gaule.
9. Il s'agit du jeune Tigrane, fils du roi d'Arménie.

jour que Pompée était sorti pour paraître à un procès, Clodius, avec une bande de gens pleins d'impudence et d'impertinence qu'il avait sous ses ordres, se plaça dans un endroit bien en vue et lança des questions comme celles-ci :

– Qui est l'*imperator* aux mauvaises mœurs ? Qui est l'homme qui cherche un homme[10] ? Qui est celui qui se gratte la tête avec un seul doigt[11] ?

Et tous, comme un chœur exercé à donner la réplique, répondaient à grands cris à chaque question, lorsque Clodius secouait sa toge :

– C'est Pompée !

Plutarque, *Pompée*, 48, 9-12

Pompée va alors œuvrer au retour de Cicéron en 57.

Pompée travailla au rappel de Cicéron. Il fit revenir à Rome, pour l'opposer à Clodius, celui qu'il en avait éloigné avec le concours de ce même Clodius. Ainsi, le cœur humain est quelquefois sujet à de soudains changements, et tel homme qui semblait devoir nous être utile ou nuisible nous fait éprouver tout le contraire de ce que nous attendions. Pompée eut pour auxiliaires des préteurs et des tribuns qui proposèrent le décret au peuple. Titus Annius Milon fut de ce nombre. [...]

10. Question pouvant faire penser au philosophe Diogène... mais surtout à l'homosexualité.
11. Geste qui passait pour celui d'un efféminé.

Alors, sur le rapport de Spinther[12], le Sénat décréta le rappel de Cicéron, et le peuple sanctionna cette décision d'après la proposition des deux consuls.

Dion Cassius, *Histoire romaine*, 39, 6 et 8

Pompée cherche à rebondir politiquement en se faisant confier une nouvelle mission. Cicéron raconte…

Le lendemain, au Sénat – c'était le 5 septembre –, j'ai exprimé aux sénateurs ma reconnaissance. Deux jours après, comme il y avait une extrême cherté des vivres et que des manifestants s'étaient rassemblés d'abord devant le théâtre, puis devant le Sénat, criant, à l'instigation de Clodius. que c'était moi qui causais la disette de blé, comme le Sénat dans ces jours-là tenait séance pour délibérer sur le ravitaillement et que non seulement l'opinion populaire, mais aussi les gens de bien appelaient Pompée à en assumer la direction, que lui-même le désirait et que la foule demandait, en me désignant par mon nom, que je propose un décret dans ce sens, je le fis, et je prononçai un discours soigné pour expliquer mon vote.

[…]

On a fait un sénatus-consulte conformément à mon avis : on négocierait avec Pompée pour qu'il

12. Consul en 57.

acceptât cette mission, et une loi serait votée. On donna lecture au public de ce sénatus-consulte ; et comme à la lecture de mon nom la foule, suivant cette nouvelle mode stupide, avait incontinent applaudi, je lui adressai un discours : tous les magistrats présents, à l'exception d'un préteur et de deux tribuns de la plèbe, me donnèrent la parole.

Le lendemain, le Sénat était au complet, et tous les consulaires s'y trouvaient ; on accorda à Pompée tout ce qu'il voulut. Demandant quinze légats, il prononça mon nom en premier et déclara que pour toutes choses je serais un second lui-même. Les consuls rédigèrent une loi qui donnait à Pompée pour cinq ans la dictature du blé dans le monde entier ; Messius en fit une autre qui met tout l'argent de l'État à sa disposition, et lui donne en outre une flotte, une armée et dans les provinces un pouvoir souverain supérieur à celui des gouverneurs.

Cicéron, *Lettres à Atticus*, 4, 1-5-7

Mais Cicéron reconnaît que leurs relations connaissent quelques nuages.

En effet y eut-il jamais dans cette cité un couple d'amis de rang consulaire plus uni que nous ne l'avons été, Cn. Pompée et moi. [...] Cet accord entre nous, ce concert dans la sage administration

de l'État, cette communauté si douce de vie et de
bons offices, certains individus les ont brisés par
des paroles mensongères et de fausses accusations,
l'invitant à me craindre et à se défier de moi, en
même temps qu'ils me le présentaient comme mon
adversaire le plus acharné, de sorte que je n'avais plus
assez de hardiesse pour lui demander les services dont
j'avais besoin et que lui, aigri par tant de soupçons
que répandaient certains criminels, ne mettait plus
assez d'empressement à me promettre l'appui que
réclamait ma situation.

Cicéron, *De domo sua*, 11, 27-28

Dans sa nouvelle charge Pompée obtient des résultats.

Chargé de l'organisation et de la direction du
ravitaillement, il envoya des légats et des amis en
beaucoup d'endroits, et lui-même s'embarqua pour
la Sicile, la Sardaigne et la Libye, et fit procéder au
ramassage des céréales. Comme il était sur le point
de repartir, un grand vent s'abattit sur la mer, et
les pilotes hésitaient ; alors il monta le premier à
bord du navire, donna l'ordre de lever l'ancre et
s'écria :

– Naviguer est nécessaire ; vivre ne l'est pas.

Grâce à son audace et à son zèle, secondés par la
Fortune, il remplit de blé les marchés et la mer de
vaisseaux, si bien que l'abondance de ces approvi-
sionnements fut suffisante même pour les peuples

du dehors[13], comme une source dont les eaux intarissables coulent pour tout le monde.

Plutarque, *Pompée*, 50

Il veut mettre de l'ordre dans les distributions.

La distribution du blé donna quelque peine à Pompée. Un grand nombre de citoyens envoyait leurs esclaves, dans l'espoir qu'ils pourraient participer à cette distribution. Pompée voulut qu'on ne servît que les hommes inscrits dans une tribu, afin de mettre une règle et de l'ordre dans la répartition du blé. Il réussit néanmoins sans trop de difficultés, grâce à sa prudence et à la quantité de blé dont il pouvait disposer.

Dion Cassius, *Histoire romaine,* 39, 24

Cependant, à ce moment, Pompée est en perte de popularité.

Quant à la mesure que Caninius veut faire voter au sujet de Pompée[14], il en est beaucoup moins question. Elle ne rencontre pas d'approbation [...], et puis enfin, vraiment, sa situation n'est plus la même. La

13. Sans doute faut-il comprendre hors de Rome.
14. En 58, le roi d'Égypte, Ptolémée Aulète avait été chassé par la révolution. Les Romains avaient décidé de le restaurer sur son trône. Celui qui serait chargé de cette mission en gagnerait un grand profit. Le tribun Caninius avait proposé que ce fût Pompée, mais sa proposition ne fut pas retenue.

lie du peuple, la basse canaille ne laisse pas de lui en vouloir à cause de Milon[15] et il donne aux gens de bien maint sujet de regret, maint sujet de blâme.

Cicéron, *Lettres à son frère Quintus*, 2, 4a, 3

15. Milon s'affronta à Clodius avec les mêmes pratiques de violence et beaucoup de Romains les renvoyaient dos à dos. Quant à la « canaille » dont parle Cicéron, il s'agit de ceux des plébéiens, assez nombreux, qui étaient acquis à Clodius. Or, du moins au début, Pompée, en but aux attaques de Clodius, affichait son soutien à Milon.

LE RENFORCEMENT
DU TRIUMVIRAT

56-54

César revient de Gaule. Les accords de Lucques. Avril 56.

Aussi, quand, ayant franchi les Alpes, César passa l'hiver à Lucques, une foule d'hommes et de femmes accoururent auprès de lui, entre autres deux cents sénateurs, parmi lesquels Pompée et Crassus, et l'on vit à la porte de César jusqu'à cent vingt faisceaux de proconsuls et de préteurs. Il les renvoya tous comblés d'espoirs et d'argent ; quant à Crassus et Pompée, il convint avec eux qu'ils brigueraient le consulat, qu'il les appuierait en envoyant voter un grand nombre de ses soldats et que, dès qu'ils seraient élus, ils se feraient attribuer des provinces et des armées, mais confirmeraient à César pour cinq autres années les commandements qui étaient les siens[1].

Plutarque, *Pompée*, 51, 4-5

1. En Gaule.

Palinodie de Cicéron, qui appuie César…

Pourquoi donc attendrais-je un médiateur pour
me réconcilier avec lui ? La réconciliation a été ména-
gée par les membres de l'ordre le plus considérable,
l'ordre qui est l'inspirateur et le guide des décisions
officielles et de toutes mes décisions personnelles.
C'est vous que je suis, sénateurs, c'est à vous que
j'obéis, à vous que je m'associe, vous qui me voyiez
moins lié avec César tant que sa conduite politique
ne recueillait guère votre adhésion. Depuis que ses
hauts faits ont changé vos dispositions et vos sentiments, vous ne m'avez pas vu seulement partager
vos avis, mais même y applaudir.

Cicéron, *Sur les provinces consulaires*, 10, 25

… sans manquer de louer Pompée…

Ce que furent, hier, le poids de la parole de
Pompée, sa facilité, son abondance de style, apparut
clairement et, loin de lui donner une approbation
silencieuse, vous avez manifesté à son égard une
éclatante admiration. Jamais en effet je n'ai rien
entendu qui me semblât plus pénétrant en matière
juridique, plus évocateur à propos des précédents,
mieux informé sur les conventions internationales,
d'une autorité plus lumineuse sur les guerres, plus
réfléchi sur les affaires politiques.

Cicéron, *Pro Balbo*, 1, 2

... en soulignant lui-même son opportunisme.

Et je ne crois pas qu'il y ait de l'inconstance à régler son opinion en politique comme un navire sa marche sur l'état de l'atmosphère.

Cicéron, *Pro Balbo*, 27, 61

Candidats au consulat pour 55, Pompée et Crassus passent en force. C'est le deuxième consulat de Pompée.

Cependant, alors que les autres s'abstenaient de briguer le consulat, Caton engagea Lucius Domitius[2] à poser hardiment sa candidature et à ne pas renoncer, car, disait-il, l'enjeu de la compétition n'est pas une magistrature, mais la liberté, menacée par les tyrans. Les amis de Pompée, redoutant l'énergie de Caton et craignant qu'ayant déjà tout le Sénat pour lui il n'entraînât et ralliât la partie saine du peuple, ne laissèrent pas Domitius descendre au Forum ; ils envoyèrent des hommes armés, et ceux-ci tuèrent l'esclave qui portait la lumière devant lui et mirent les autres en fuite. Caton se retira le dernier, blessé au coude droit en défendant Domitius. Parvenus au consulat par de tels procédés, Pompée et Crassus ne se comportèrent pas avec plus de régularité dans la suite.

Plutarque, *Pompée*, 52, 1-3

2. L. Domitius Ahenobarbus sera consul en 54.

Les consuls se réservent d'importantes provinces.

Une fois donc élus consuls, Crassus et Pompée
firent voter pour César, comme ils en étaient convenus, une autre période de cinq ans, et ils se répartirent les provinces et les armées : Pompée choisit
l'Espagne et l'Afrique, et y délégua ses amis, tandis
que lui-même demeurait à Rome ; Crassus prit la
Syrie et ses environs, dans son désir de mener contre
les Parthes une guerre qu'il pensait facile, glorieuse
et rentable.

Appien, *Les Guerres civiles à Rome*, 2, 3, 18

Une somptueuse inauguration.

Pendant ces mêmes jours, Pompée dédia le théâtre[3] dont nous sommes fiers encore aujourd'hui,
et y fit donner une représentation musicale et des
jeux d'athlètes. Il fit célébrer aussi dans l'hippo-
drome un combat de chevaux et une grande chasse
de bêtes féroces de toute espèce. Cinq cents lions
furent égorgés en cinq jours, et dix-huit éléphants
combattirent contre des hommes pesamment armés.
Parmi ces éléphants, les uns périrent sur-le-champ,
les autres quelque temps après : plusieurs trouvèrent
grâce auprès du peuple, contre l'attente de Pompée.
Ils s'étaient retirés du combat couverts de blessures

3. Théâtre édifié dans la partie méridionale du Champ
de Mars.

et allaient de côté et d'autre, élevant leurs trompes vers le ciel et faisant entendre de tels gémissements qu'on disait qu'ils ne les poussaient pas au hasard, mais qu'ils invoquaient ainsi le serment qui les avait déterminés à sortir de la Libye, et qu'ils imploraient par leurs plaintes la vengeance des dieux.

Dion Cassius, *Histoire romaine,* 39, 38

Caton lance à Pompée un avertissement prophétique.

On proposa ensuite une loi sur les provinces et les armées à attribuer à César ; alors Caton, au lieu de s'adresser au peuple, se tourna vers Pompée, l'adjura et lui prédit qu'en se mettant César sur les épaules, bien qu'il ne s'en rendît pas compte pour l'instant, quand il commencerait à être écrasé sous le poids, il ne pourrait ni le déposer ni continuer à le porter, il s'écroulerait sur la Ville avec lui et qu'à ce moment-là il se souviendrait des avertissements de Caton et s'apercevrait qu'ils n'étaient pas moins conformes aux intérêts de Pompée qu'à l'honneur et à la justice.

Il eut beau répéter plusieurs fois ces remontrances, Pompée n'y eut aucun égard et passa outre. La confiance qu'il avait en sa prospérité et en sa puissance ne lui permettait pas de croire que César pût jamais changer.

Plutarque, *Caton le Jeune,* 43, 8-10

LA RUPTURE DU TRIUMVIRAT

54-49

Un drame personnel.

En tout cas, lorsque, à l'occasion de l'élection des édiles[1], on en vint aux mains et que, plusieurs personnes ayant été tuées autour de lui, Pompée, tout couvert de sang, dut changer de vêtements, les serviteurs qui rapportaient ses habits arrivèrent en courant, bouleversés, à sa maison, où sa jeune femme, qui était enceinte, en voyant la toge ensanglantée, s'évanouit ; elle se remit à grand-peine, mais ce trouble et cette commotion la firent avorter. Dès lors, même ceux qui blâmaient le plus l'amitié de Pompée pour César cessèrent de lui reprocher son amour pour sa femme. Enceinte à nouveau[2], elle mit au monde une fille, mais elle mourut à la suite de cet accouchement, et l'enfant ne lui survécut que peu de jours.

Plutarque, *Pompée*, 53, 3-5

1. En 55, l'élection des édiles provoque des rixes sanglantes au Forum.
2. En août 54, date de la mort de Julia, Pompée avait 52 ans et Julia 29 ans.

La cause des maux futurs ?

Car les gages de l'union de leur sang, aussi bien que les torches funèbres au présage sinistre, ont été emportés vers les mânes par Julia, que ravit la main cruelle des Parques. Si les destins t'avaient donné un plus long séjour à la lumière, toi seule aurais pu retenir la fureur ici d'un mari, là d'un père, arracher le fer de leurs mains pour les unir, comme l'ont fait les Sabines, se jetant entre gendres et beaux-pères. Ta mort a rompu leur foi et permis aux chefs de susciter la guerre.

Lucain, La Pharsale, 1, vers 111-120

Pompée refuse le nouveau pacte familial que lui offre César.

Par ailleurs, afin de rester le parent et l'ami de Pompée, César lui offrit la main d'Octavie[3], petite-fille de sa sœur, qui avait été mariée à Gaius Marcellus, et lui demanda personnellement en mariage sa fille, destinée à Faustus Sylla.

Suétone, César, 27

3. La sœur d'Auguste, qui épousa plus tard Marc Antoine.

En 53, la mort de Crassus transforme le triumvirat en face à face.

Un peu plus tard on annonça que Crassus avait péri chez les Parthes[4], et le grand obstacle qui empêchait la guerre civile d'éclater se trouva ainsi supprimé ; car, comme ils le craignaient tous deux, ils s'en tenaient plus ou moins strictement à leurs conventions. Mais quand la Fortune eut enlevé de la lice l'athlète de réserve[5], on put dire aussitôt avec le poète comique que l'un pour affronter l'autre

« se frotta d'huile et se couvrit de poussière les mains. »[6]

Plutarque, *Pompée*, 53, 7-9

La situation se dégrade.

Et une peur générale se répandit qu'avec l'interruption de ce lien matrimonial César et Pompée n'aillent sans tarder se précipiter l'un contre l'autre avec leurs grandes armées, vu l'extrême désorganisation et les difficultés que connaissait depuis longtemps la vie

4. Le 1er juin 53, Crassus essuya à Carrhes, face aux Parthes, un désastre où il perdit la vie.

5. Athlète choisi par le sort pour combattre le vainqueur d'une lutte à deux. Il faut comprendre que César et Pompée craignaient chacun que Crassus ne s'alliât à son rival.

6. C'est ainsi que procédaient les lutteurs avant le combat.

politique. En effet, les magistratures étaient mises en place à coups de pressions partisanes ou de corruption, avec beaucoup d'application dans l'iniquité et le recours aux pierres ou aux épées ; la brigue et la corruption l'emportaient alors de la façon la plus éhontée, et le peuple lui-même se laissait acheter pour les élections. […] Quant aux bons citoyens, pour ces raisons, ils se retirèrent même complètement des tâches gouverne-mentales, au point qu'une fois la Ville resta huit mois sans gouvernants, telle était sa désorganisation, tandis que Pompée faisait exprès de tout laisser aller pour qu'on éprouvât le besoin d'un dictateur.

Appien, *Les Guerres civiles à Rome* 2, 3, 19

C'est alors qu'intervient la mort de Clodius.

Ainsi, Milon, qui briguait le consulat, ayant ren-contré Clodius sur la voie Appia[7], ne fit d'abord que le blesser, mais ensuite, craignant qu'il ne se vengeât de son agresseur, il l'acheva, dans l'espoir qu'après avoir aussitôt affranchi les esclaves qui avaient trempé dans l'affaire[8] il serait plus facilement acquitté du meurtre, du moment que la victime était morte, que de l'agression, si elle survivait. Or, quand, vers le soir, ils apprirent cela, les citoyens furent terriblement bouleversés. De fait, pour les factions, ce fut le point de départ de la guerre et des

7. Le 18 janvier 53.
8. Pour qu'on ne pût leur arracher des aveux par la torture, comme la loi le prévoyait.

violences, tandis que ceux qui étaient neutres, même s'ils détestaient Clodius, malgré tout, par humanité et parce qu'ils espéraient sous ce prétexte se débarrasser aussi de Milon, manifestèrent leur indignation. […] Ils enlevèrent le corps de Clodius et le transportèrent à l'intérieur de la Curie[9] ; là ils le disposèrent convenablement, construisirent ensuite un bûcher avec les bancs, et brûlèrent le cadavre et le bâtiment.

Dion Cassius, *Histoire romaine*, 40, 48-49

Devant le péril, Caton lui-même accepte une entorse à la légalité.

Cependant, comme l'anarchie se prolongeait, que chaque jour trois armées entouraient le Forum et que le mal était devenu presque impossible à contenir, Caton résolut de faire octroyer spontanément à Pompée par le Sénat, comme une faveur, la direction des affaires sans attendre la dernière extrémité, recourant ainsi à l'illégalité la plus modérée pour sauver les plus grands intérêts et acceptant le commandement d'un seul plutôt que de laisser la dissension aboutir à l'anarchie. Bibulus, parent de Caton, émit alors au Sénat la proposition d'élire Pompée seul consul : ainsi, ou bien la situation redeviendrait bonne, quand Pompée aurait mis de l'ordre, ou bien, si la Ville devait être esclave, elle le serait du meilleur citoyen. Caton se leva, et, contre l'attente de

9. C'est à la Curie que siégeait le Sénat.

tous, il approuva cet avis et déclara que n'importe quel pouvoir valait mieux que l'anarchie et qu'il comptait bien que Pompée traiterait au mieux les affaires présentes et, si l'on se fiait à lui, sauverait l'État.

Plutarque, *Caton le Jeune*, 47, 2-4

Pompée se marie pour la cinquième fois.

Pompée, de retour à Rome, épousa Cornelia, fille de Metellus Scipion[10], qui n'était pas une jeune fille mais une veuve : elle venait de perdre son premier mari, Publius, fils de Crassus, qui était mort chez les Parthes. La jeune femme, en plus de sa beauté, avait bien des charmes : très cultivée, elle s'entendait à la littérature, à la musique, à la géométrie, et elle était accoutumée à lire avec fruit les ouvrages des philosophes. À ces qualités s'ajoutait un caractère exempt de la prétention revêche que ces sortes d'études donnent aux jeunes femmes, et son père était d'une naissance et d'une réputation irréprochables.

Plutarque, *Pompée*, 55, 1-3

Consul pour la troisième fois, Pompée entend s'attaquer à la corruption.

Pompée, lui, instaurait des procès pour toutes les conduites répréhensibles, entre autres et surtout la

---

10. Cornelia fut la cinquième épouse de Pompée, après Antistia, Aemilia, Mucia et Julia.

corruption et la brigue, car il voyait là l'origine des
maux dont souffraient les affaires publiques, et pensait
que la guérison serait rapide ; par une loi, il précisa
que quiconque le voudrait pourrait demander des
comptes concernant toute la période s'étendant de
son premier consulat à l'époque présente. Et c'était
une durée d'un peu moins de vingt ans.

Appien, *Les Guerres civiles à Rome*, 2, 3, 23

*Milon, l'assassin de Clodius, passe en jugement, défendu
par Cicéron – mars 52 –, mais César, très hostile à Milon,
a passé un accord avec Pompée et peut aller combattre l'in-
surrection gauloise en sachant que Pompée veillerait à ce
que l'assassin de Clodius soit puni.*

Lorsque César apprit ces événements en Italie,
il savait déjà que, grâce aux talents de Pompée, les
affaires avaient pris un meilleur aspect à Rome ; il
partit donc pour la Gaule transalpine.

César, *La Guerre des Gaules*, 7, 1, 1

Un procès sous tension.

Milon ne fut pas poursuivi pour ce motif[11] (en effet
il était sous le coup de l'accusation, plus grave, de
meurtre) et, quand il comparut, c'est pour ce délit-là
qu'il fut condamné, car il ne put pas recourir à la
violence. En effet Pompée mit le reste de la Ville

---

11. De corruption électorale.

sous surveillance et entra dans le tribunal avec des soldats en armes ; comme certains firent du tapage contre cette intervention, il ordonna aux soldats de les chasser hors du Forum en les frappant du plat de leur épée.

Dion Cassius, *Histoire romaine*, 40, 53, 2-3

Pour l'année 51, Pompée est prorogé dans son gouvernement.

En même temps on le prorogea dans ses gouvernements ; il en avait deux : l'Espagne et la Libye tout entière ; il les administrait par l'intermédiaire de légats, et il avait des armées pour lesquelles il recevait du trésor public mille talents chaque année.

Plutarque, *César*, 28, 8

Vainqueur de Vercingétorix, César demande lui aussi une prorogation.

À la suite de ces décisions, César envoya demander le consulat et une prorogation similaire de ses gouvernements[12].

Plutarque, *César*, 29, 1

12. César, dont les pouvoirs en Gaule expiraient le 1er mars 50, demandait qu'ils fussent prorogés jusqu'au 31 décembre 49 afin de faire la jonction avec le consulat qu'il espérait obtenir pour l'année 50.

Il ne manque pas d'arguments.

Dans toute l'Italie on lève des troupes ; on retient les deux légions[13] qu'on a enlevées à César sous prétexte de guerre contre les Parthes ; Rome est en armes. À quoi donc tendent ces préparatifs, sinon à sa perte ? Et pourtant il est prêt à consentir à tout et à tout supporter pour le bien de l'État. Que Pompée parte pour ses provinces, qu'ils licencient tous deux leurs armées, que tous en Italie déposent les armes, que la terreur soit chassée de Rome, que la liberté des comices, que l'exercice du gouvernement soient assurés au Sénat et au peuple romain ; que, pour réaliser tout cela plus facilement, pour régler les conditions du pacte et le sanctionner par un serment, Pompée se rapproche, ou qu'il laisse César se rapprocher de lui.

César, *Guerre civile*, 1, 9, 4-6

Mais le Sénat joue Pompée…

Le Sénat, s'il regardait avec méfiance les deux adversaires, estimait cependant que Pompée était plus républicain et en voulait à César du mépris où il l'avait tenu pendant son consulat, et, en réalité, les sénateurs ne croyaient pas bon pour la sécurité que la puissance dont disposait Pompée lui fût retirée avant

---

13. Pompée et César devaient renvoyer à Rome chacun une légion. En fait, seul César dut en renvoyer deux.

que son adversaire, qui se trouvait hors de la Ville et avait plus d'ambition, eût quitté sa charge.

Appien, *Les Guerres civiles à Rome*, 2, 4, 29

... dont la décision est arrêtée.

Ton cher Pompée s'oppose ouvertement à ce que César garde sa province avec une armée et devienne en même temps consul ; mais il a proposé aussi qu'aucun sénatus-consulte ne fût fait pour le moment.

Cicéron, *Ad familiares*, 8, 9, 5

Sur ce, au cours de l'été 50, Pompée tombe gravement malade.

Sur ces entrefaites, Pompée tomba dangereusement malade à Naples[14]. Il se rétablit, et les Napolitains offrirent des sacrifices d'actions de grâces pour sa guérison. Leurs voisins suivirent leur exemple, qui fut ensuite imité un peu partout en Italie : chaque ville, petite ou grande, célébra des fêtes pendant plusieurs jours. Il n'y avait pas d'endroit assez vaste pour contenir ceux qui venaient de toutes parts à sa rencontre ; les routes, les villages et les ports étaient remplis de gens qui festoyaient et sacrifiaient. Beaucoup aussi, ornés de couronnes, allaient l'accueillir aux flambeaux et l'escortaient en lui jetant des fleurs, de sorte que son voyage de retour, avec

---

14. On a pensé à une crise de malaria.

ceux qui l'accompagnaient, offrait le plus beau et le plus brillant des spectacles.

Plutarque, *Pompée*, 57, 1-4

Episode qui inspirera la célèbre formule, qu'on lui rappellera plus tard.

On dit que ce fut là une des causes qui déterminèrent la guerre civile, et non la moindre : Pompée se laissa envahir par l'orgueil et par une immense joie, qui l'emportèrent sur les raisonnements que suggérait l'état des affaires. Il en oublia la prudence, qui avait toujours assuré sa prospérité et le succès de ses entreprises ; il s'abandonna à une confiance absolue et à un tel mépris de la puissance de César qu'il se figura n'avoir besoin ni d'armes ni de pénibles efforts pour l'abattre beaucoup plus aisément qu'il ne l'avait élevé. [...] Quand on lui disait ne pas voir, si César marchait contre la Ville, avec quelles troupes on le repousserait, il répondait en souriant d'un air épanoui qu'il n'y avait pas lieu de s'inquiéter :

— En quelque endroit de l'Italie, disait-il, que je frappe la terre du pied, il en surgira des armées de fantassins et de cavaliers.

Plutarque, *Pompée*, 57, 5-9

La guerre civile paraît dès lors inévitable.

D'ici un an je ne vois pas de paix possible ; et plus approche un conflit qui est inévitable, plus clair apparaît le danger. La question qui mettra aux prises les maîtres de l'heure est telle : Pompée est résolu à ne pas souffrir que César devienne consul à moins qu'il ne remette armée et provinces ; mais César est persuadé qu'il n'y a pas de salut pour lui s'il se sépare de son armée. Il propose pourtant comme compromis qu'ils remettent tous les deux leurs armées. Ainsi ces grandes amours et cette union détestée ne dégénèrent pas en récriminations secrètes mais en sont venues à l'éclat d'une guerre.

Cicéron, *Ad familiares*, 8, 14, 2

C'est la lutte du « parti de l'Ordre » contre le « parti de la Révolution ».

Dans ce conflit, je vois que Pompée aura avec lui le Sénat et ceux qui rendent la justice[15], qu'à César se rallieront tous ceux qui craignent ou désespèrent.

Cicéron, *Ad familiares*, 8, 14, 3

Pour les républicains, n'est-il pas déjà trop tard ?

Mais, dans les discordes civiles, c'est de classes qu'il s'agit et de groupes homogènes. Penses-tu qu'il soit du bon parti, ce Sénat qui laisse les provinces sans proconsuls[16] ? Du bon parti les publicains[17] ? Ils

15. La bourgeoisie riche des chevaliers.
16. La Cilicie et les Espagnes venaient d'être confiées à des questeurs ou légats non revêtus de l'*imperium* proconsulaire.
17. Collecteurs d'impôts.

ne sont jamais sûrs, mais pour l'instant César n'a pas meilleurs amis. Les usuriers ? les cultivateurs ? Ils ne désirent que la tranquillité : à moins de s'imaginer qu'ils craignent une tyrannie, eux qui jamais, pourvu qu'ils restent en paix, ne l'ont refusée.

Cicéron, *Lettres à Atticus*, 7, 7, 5

LA GUERRE.
LA CAMPAGNE D'ITALIE

César franchit le Rubicon.

Ayant rejoint ses cohortes au bord du Rubicon, rivière qui marquait la limite de sa province, il s'arrêta un moment. [...]

Comme il hésitait, il reçut un signe d'en haut. Un homme d'une taille et d'une beauté extraordinaires apparut soudain, assis tout près de là et jouant du chalumeau ; des bergers étant accourus pour l'entendre ainsi qu'une foule de soldats des postes voisins, et parmi eux également des trompettes, cet homme prit à l'un d'entre eux son instrument, s'élança vers la rivière et, sonnant la marche avec une puissance formidable, passa sur l'autre rive. Alors César dit :

— Allons où nous appellent les signes des dieux et l'injustice de nos ennemis. Le sort en est jeté.

Suétone, *César*, 31, 3 et 32

L'avance de César est foudroyante.

Ensuite il fit lever le camp et marcha droit sur Rome même, se ralliant sans combat toutes les cités qui se trouvaient sur leur route[1], soit que les garnisons les eussent abandonnées par manque de forces, soit qu'elles eussent préféré le parti de César.

Dion Cassius, *Histoire romaine*, 41, 4, 2

À Rome, c'est la panique.

Quand on sut à Rome ce qui s'était passé, une telle panique se répandit soudain que le consul Lentulus, qui était venu ouvrir le trésor pour en sortir de l'argent pour Pompée suivant les dispositions du sénatus-consulte, aussitôt après l'ouverture du trésor sacré, quitta précipitamment la Ville. César approchait, sa cavalerie était là : tels étaient les faux bruits qui se répandaient. Lentulus fut suivi de son collègue Marcellus et de la plupart des magistrats.

César, *Guerre civile*, 1, 14, 1-2

Une seule bonne nouvelle pour les pompéiens.

Labienus[2], en effet, après avoir abandonné César, était passé à l'ennemi et lui avait révélé tous les secrets de son rival. Sans doute pourrait-on s'étonner qu'après avoir été d'abord continuellement favorisé par César, au point d'avoir eu le commandement de toutes les

---

1. Rimini, Arezzo, Gubbio.
2. Labienus avait été le principal lieutenant de César pendant la guerre des Gaules.

légions au-delà des Alpes toutes les fois que César
était en Italie, il eût agi ainsi ; la raison en est que, de
son côté, quand il eut acquis richesse et renommée,
il commença à se conduire avec plus de présomption
qu'il ne convenait à son rang, et que César, le voyant
s'égaler à lui, ne l'aima plus autant.

Dion Cassius, *Histoire romaine*, 41, 4, 3-4

Pompée déçoit ses partisans.

Aussitôt que la nouvelle[3] fut arrivée et se répandit à Rome, il y régna un saisissement, un trouble
et une épouvante sans précédent. À l'instant, le
Sénat accourut en hâte auprès de Pompée, ainsi
que les magistrats. Alors, Tullus l'interrogeant sur
l'armée et les troupes dont il disposait, Pompée
répondit timidement, après avoir un peu hésité,
qu'il avait tout prêts les soldats renvoyés par César[4]
et qu'il croyait pouvoir rassembler rapidement les
trente mille hommes qu'il avait enrôlés. Tullus
s'écria :

– Pompée, tu nous as trompés !

Et il conseilla d'envoyer à César des négocia-
teurs.

Plutarque, *Pompée*, 60, 5-7

3. De l'avance de César.
4. Voir page 145.

Pour beaucoup, c'est l'exode.

Du dehors, des réfugiés affluaient en hâte de toute part à Rome, tandis que les habitants de la Ville se précipitaient eux-mêmes au dehors en abandonnant Rome, où, au sein d'une tourmente et d'un désordre immenses, la partie utile du corps civique se trouvait sans force, alors que la partie indocile était pleine de vigueur pour résister aux magistrats. Il n'y avait pas moyen de calmer la panique, et Pompée n'était pas libre de suivre ses propres réflexions, car chacun, selon ses impressions du moment, crainte, tristesse ou désespoir, s'efforçait de lui faire partager son état d'esprit, de sorte qu'il prenait en un même jour des résolutions contradictoires.

Plutarque, *Pompée*, 61, 3-5

Pompée décide d'évacuer Rome.

À tout cela, Favonius[5], reprenant ironiquement la formule prononcée autrefois par Pompée, l'invita à frapper la terre du pied et à en faire surgir des armées ; à quoi celui-ci répliqua :

– Vous les aurez, si vous me suivez et si vous ne craignez pas d'abandonner Rome, et l'Italie après Rome, s'il le faut.

5. Marcus Favonius, ami de Caton le Jeune, préteur en 49.

Car, selon lui, ce n'étaient ni les bourgs ni les maisons qui constituaient la force et la liberté pour des hommes, mais les hommes, où qu'ils puissent se trouver, qui les détenaient en eux-mêmes, et en se défendant ils récupéreraient leurs maisons. Après avoir ainsi parlé et proféré des menaces contre ceux qui voulaient rester, et qui, par souci de leurs bourgs et de leurs biens, se soustrayaient aux combats pour défendre la patrie, il sortit aussitôt du Sénat et de la Ville pour rejoindre l'armée de Capoue, et les consuls le suivirent. Les sénateurs étaient plongés dans une grande perplexité, et ils passèrent la nuit au Sénat à échanger leurs points de vue. À l'aube, toutefois, la majorité sortit et se hâta d'aller rejoindre Pompée.

Appien, *Les Guerres civiles à Rome*, 2, 5, 37

Beaucoup ne comprennent pas.

À tout hasard, dis-moi ce qu'il te semble de la décision de Pompée ? Je veux dire : son abandon de Rome. Pour moi, je n'en vois pas la raison ; et puis, rien de plus mal à propos. Abandonner Rome ! On ferait donc de même si les Gaulois revenaient ? « Ce ne sont point des bâtisses, dit-il, qui constituent la République ». Non, mais les autels et les foyers. « Thémistocle agit ainsi[6]. » C'est qu'à elle seule la Ville ne pouvait soutenir le flot de tous les barbares.

6. En 480, Thémistocle avait fait évacuer Athènes avant de vaincre les Perses à Salamine.

Mais ainsi n'a pas agi Périclès, cinquante ans environ
plus tard, quoiqu'en dehors des remparts il n'eût
plus rien. Et les nôtres autrefois, quand tout le reste
de la Ville était au pouvoir de l'ennemi[7], tinrent
cependant la citadelle ; et

« ainsi fut glorifié le nom de nos ancêtres. »

Cicéron, *Lettres à Atticus*, 7, 11, 3

Pompée va à Brindes.

Le voilà hors de Rome. Il perd le Picenum par
sa faute, il se laisse acculer dans l'Apulie. Déjà il
va passer en Grèce. Et pas un adieu à personne,
pas un mot d'une résolution si grave, si étrange !
Mais voilà que Domitius[8] lui écrit. Il adresse alors
une lettre aux consuls ; il semble que le sentiment
de l'honneur se réveille en lui ; il semble que le
héros revenu à lui-même va s'écrier : « Je sais
ce que le devoir et l'honneur exigent. Viennent
les dangers ; la justice est pour moi. » Mais tant
pis! Adieu l'honneur ! Le héros est en route pour
Brindes.

Cicéron, *Lettres à Atticus*, 8, 8

7. En 390, les Romains tinrent, sur le Capitole, un siège
de sept mois face aux Gaulois.
8. Un lieutenant de Pompée.

César voudrait régler le problème en Italie.

César avait donc hâte d'affronter Pompée avant qu'il ne s'embarquât, de terminer la guerre en Italie, et, en outre, de mettre la main sur lui alors qu'il était encore à Brindes.

Dion Cassius, *Histoire romaine*, 41, 12

Pompée a une autre stratégie.

Non, car sa tactique est intégralement celle de Thémistocle ; à ses yeux, qui tient la mer est nécessairement le maître. Aussi n'a-t-il jamais cherché à tenir les Espagnes pour elles-mêmes ; son souci majeur a toujours été d'équiper une flotte. Ainsi donc, le moment venu, il prendra la mer avec d'immenses escadres et abordera en Italie.

Cicéron, *Lettres à Atticus*, 10, 8, 4

César entre à Rome.

Or, comme il était encore en route[9], Marcus Aemilius Lepidus, celui qui fit partie plus tard du triumvirat[10], proposa au peuple, en tant que préteur, d'élire César dictateur et le nomma aussitôt, contre les règles ancestrales[11]. Celui-ci entra en fonctions

9. Fin octobre 49.
10. Avec Antoine et Octave.
11. C'est normalement un consul qui désigne le dictateur.

dès qu'il arriva à Rome, toutefois il ne fit rien de terrorisant pendant qu'il les exerça et accorda au contraire la permission de rentrer à tous les exilés, à l'exception de Milon, et désigna les magistrats pour l'année suivante (en effet jusque-là ils n'en avaient choisi aucun en remplacement des absents ; et, comme il n'y avait pas d'édiles dans la Ville, c'étaient les tribuns qui accomplissaient tout ce qui incombait aux édiles) ; en outre il nomma des prêtres à la place de ceux qui étaient morts, sans observer toutefois tous les usages établis pour eux dans ce genre de procédure[12] ; il donna le droit de cité aux Gaulois qui vivaient en deçà des Alpes jusqu'au Pô, parce qu'il avait été leur gouverneur. Après avoir accompli ces actes, il renonça au titre de dictateur ; mais de fait il eut presque continuellement entre les mains le pouvoir de cette fonction.

Dion Cassius, *Histoire romaine*, 41, 36

Pompée embarque pour la Grèce.

Il fit barricader les portes de Brindes, posta sur les remparts ses soldats les plus lestes, ordonna aux habitants de se tenir tranquilles dans leurs maisons, fit creuser partout à l'intérieur de la ville des tranchées et des fossés, et remplit de palissades les rues, à l'exception de deux par lesquelles il descendit

---

12. Les prêtres étaient élus par les comices tributes.

lui-même à la mer. Le troisième jour, la plupart de ses soldats s'étaient déjà embarqués sans obstacle ; alors, sur un signal qu'il leur donna soudain, ceux qui gardaient les remparts descendirent rapidement ; il les prit à bord et traversa la mer.

Plutarque, *Pompée*, 62, 4-5

César renonce à la poursuite.

César, en voyant les remparts abandonnés, se rendit compte que Pompée avait fui, et peu s'en fallut qu'en voulant le poursuivre il ne tombât sur les pieux et dans les fossés, mais, averti par les gens de Brindes, il s'abstint d'entrer dans la ville ; il en fit le tour et constata que tous les bateaux avaient pris le large, sauf deux, qui ne contenaient qu'un petit nombre de soldats.

Plutarque, *Pompée*, 62, 6

DE LA GAULE À LA GRÈCE

mars 49-août 48

En mars 49, César part pour l'Espagne.

Puis il confia Rome et l'Italie à Antoine, tandis que lui-même se dirigea vers l'Espagne, qui avait embrassé résolument le parti de Pompée et dont l'exemple lui faisait craindre que Pompée ne détachât aussi les Gaules de lui.

Dion Cassius, *Histoire romaine*, 41, 18, 3

Mais à Marseille une déconvenue l'attend.

César apprend aussi que Domitius[1] est également parti pour occuper Marseille, avec sept bâtiments rapides appartenant à des particuliers et que même il a été précédé à Marseille de délégués, jeunes nobles massaliotes, à qui Pompée, en quittant Rome, avait précisé que les services récents à eux rendus par César ne devaient pas chasser le souvenir de ses propres bienfaits d'autrefois. Ces instructions reçues, les Marseillais avaient fermé leurs portes à César.

---

1. Lieutenant de Pompée.

César mande les « quinze premiers » de Marseille. Il cherche à obtenir d'eux qu'une initiative de déclaration de guerre ne vienne pas des Marseillais ; [...] les députés rapportent à leurs concitoyens son discours et, en leur nom, donnent à César cette réponse : « Ils se rendent compte que le peuple romain est divisé entre deux partis ; il n'est ni dans leur rôle ni dans leurs capacités de reconnaître lequel soutient la cause la plus juste[2]. »

César, *Guerre civile*, 1, 34-35

César passe en Espagne.

Soumis à un siège, ils repoussèrent César lui-même et résistèrent pendant longtemps à Trebonius[3] et Decimus Brutus[4], qui les assiégèrent après lui. Pendant un certain temps, en effet, César s'obstina, dans l'idée qu'il s'emparerait d'eux facilement [...] puis, comme ils continuaient à résister, il les confia à d'autres, tandis qu'il se hâta vers l'Espagne.

Dion Cassius, *Histoire romaine*, 41, 19, 3-4

2. Ces déclarations de neutralité dissimulent la prise de position des Marseillais en faveur de Pompée.

3. Légat de César depuis 54, consul en 45, il sera l'un des conjurés des Ides de mars.

4. Officier de César en Gaule, qui avait commandé en 56 la flotte contre les Vénètes.

Après une lutte indécise, les pompéiens essuient une défaite.

Alors Afranius[5], découragé par ces revers, voyant que la situation à Ilerda[6] n'était ni sûre ni favorable à un séjour prolongé, décida de se replier sur l'Èbre et sur les villes qui s'y trouvaient, et, de nuit, pour échapper à l'attention des adversaires ou du moins les devancer, il leva le camp et se mit en route. César ne voulut pas en venir aux mains avec eux, d'abord parce qu'il craignait que, poussés au désespoir, ils n'accomplissent quelque acte terrible, et en outre parce qu'il espérait les soumettre sans combat. C'est précisément ce qui arriva. Comme ils essayèrent de faire des percées en plusieurs endroits mais ne le purent en aucun, que cet effort , mais aussi le manque de sommeil dû à leur marche, les avaient épuisés, et qu'en outre ils n'avaient ni nourriture (pensant achever leur trajet en un seul jour, ils n'avaient, en effet, rien emporté)ni boisson(or cette région était terriblement sèche) , ils se rendirent, à la condition qu'ils ne seraient pas cruellement traités et qu'ils ne seraient pas contraints à faire campagne avec César contre Pompée. Et César respecta scrupuleusement envers eux l'une et l'autre promesse.

Dion Cassius, *Histoire romaine,* 41, 22

5. Légat de Pompée en Espagne dès 55.
6. Ilerde : ville forte de l'Espagne Citérieure, aujourd'hui Lérida. Sa position sur une colline près du pont sur le Sicoris lui donnait une grande importance militaire.

Et Marseille est tombée.

Et si, pendant ce temps, les Marseillais n'avaient pas été vaincus dans un combat naval par Brutus, du fait de la taille de ses navires et de la force de son infanterie de marine, bien qu'ils eussent Domitius comme allié et plus d'expérience en stratégie navale, et s'ils n'avaient pas été, à partir de là, complètement bloqués, rien n'aurait pu empêcher que tous les projets de César ne fussent réduits à néant.

Dion Cassius, *Histoire romaine*, 41, 21, 2

Le départ de César pour la Grèce.

César, de son côté, était à Brindes, attendant le printemps, mais, quand il apprit que Pompée était loin et que l'Épire, de l'autre côté de la mer, était gardée avec négligence, il saisit « l'occasion de la guerre[7] » et s'attaqua au secteur relâché de sa défense. Il s'embarqua donc au cœur de l'hiver avec une partie de ses troupes[8] (car il n'y avait pas assez de bateaux pour les transporter toutes à la fois), fit la traversée à l'insu de Marcus Bibulus, qui avait été chargé de la surveillance de la mer, et aborda au promontoire

---

7. Expression de l'historien grec Thucydide, passée en proverbe.
8. César prend sept légions avec lui.

appelé monts Cérauniens[9]. C'est la pointe extrême de l'Épire.

Dion Cassius, *Histoire romaine*, 41, 44, 2

Pompée avait refait ses forces en Grèce.

Pendant ce temps, des forces considérables se rassemblèrent autour de Pompée. Sa flotte était absolument sans rivale : elle comptait cinq cents navires de combat et un nombre encore supérieur de bâtiments légers et de vedettes. Il avait sept mille cavaliers, la fleur de Rome et de l'Italie, tous distingués par la naissance, la richesse et la noblesse des sentiments. Quant à son infanterie, formée d'éléments divers, elle avait certes besoin d'entraînement ; il l'exerça lui-même pendant son séjour à Berroea[10] : loin de se ménager, il montrait dans ces exercices autant d'activité que s'il avait été dans toute la force de l'âge. C'était un puissant motif d'encouragement de voir le grand Pompée, à cinquante-huit ans[11], combattre en armes à pied, puis monter à cheval et tirer aisément son épée en faisant galoper sa monture, et la rengainer avec la même facilité ; au lancement du javelot, ses coups étaient non seulement précis, mais si forts qu'ils portaient à une distance que beaucoup

9. « Cérauniens » signifie « foudroyants ».

10. Berroea (Verira) en Macédoine, à l'ouest de l'ex-Tchécoslovaquie.

11. César avait, lui, 52 ans

de jeunes gens ne pouvaient dépasser. Des rois et des princes étrangers se présentaient en foule à son camp, et le nombre des dignitaires romains formait autour de lui un Sénat complet.

Plutarque, *Pompée*, 64, 1-4

Pompée se retranche à Dyrrachium.

S'étant donc réfugié dans Dyrrachium, Pompée fit construire un camp à l'extérieur de la ville et l'entoura de fossés profonds et de fortes palissades. César, après avoir établi son camp en face, lança des attaques avec la conviction qu'il prendrait en peu de temps le retranchement grâce à sa supériorité numérique ; mais, quand il fut repoussé, il entreprit de l'entourer de circonvallations. Et, pendant qu'il y travaillait, Pompée faisait construire des palissades, des murs et des fossés transversaux, dressait de hautes tours et y installait des sentinelles, de façon à empêcher l'achèvement des fortifications et à rendre l'approche impraticable aux adversaires, même s'ils dominaient.

Dion Cassius, *Histoire romaine*, 41, 50, 1-2

Une victoire qui aurait pu être décisive.

Puis ils se livrèrent une unique grande bataille, au cours de laquelle Pompée mit brillamment en déroute les troupes de César et poursuivit les fuyards jusqu'à leur camp, en leur prenant de nombreuses enseignes ; et l'aigle, qui est pour les Romains d'une si grande importance[12], fut de justesse lancé à temps par son porteur, par-dessus le retranchement, à ceux de l'intérieur.

Après cette cuisante déroute, César fit venir d'ailleurs une autre armée, mais ses soldats aussi étaient en proie à une telle panique que, voyant Pompée apparaître au loin, au lieu de rester à leur poste alors qu'ils se trouvaient déjà près des portes, de rentrer en ordre et d'obéir aux ordres, ils s'enfuirent tous par où ils le pouvaient, droit devant eux, sans ressentir de honte, sans écouter les ordres ni réfléchir. César courait parmi eux et, d'un ton de reproche, leur montrait que Pompée était encore loin, mais, sous ses yeux, ils jetaient les enseignes et prenaient la fuite ; [...] tout allait à vau-l'eau et le retranchement n'était pas gardé, de sorte que, selon toute vraisemblance, Pompée, en y précipitant ses forces, s'en serait emparé et aurait mis fin à la guerre tout entière par cette seule opération si Labienus, mal inspiré par une divinité, ne l'avait convaincu de se tourner contre les fuyards. Ce qui aurait fait dire à César que, ce jour-là, la guerre se serait terminée en faveur de ses ennemis s'ils avaient eu quelqu'un qui sût vaincre.

Appien, *Les guerres civiles à Rome*, 2, 9, 61-62

12. C'était l'emblème de la légion.

Cette victoire enflamme les partisans de Pompée.

Cependant Pompée avait jusque-là réussi tant bien que mal à persuader les siens de se tenir tranquilles, mais, lorsque après le combat, César, contraint par la disette, eut levé le camp et dut partir pour la Thessalie à travers le pays des Athamanes[13], il lui devint impossible de contenir la présomption de ses partisans : ils criaient que César fuyait ; les uns voulaient qu'on le poursuivît et qu'on lui donnât la chasse, les autres, que l'on retournât en Italie ; certains même envoyaient à Rome des serviteurs et des amis pour retenir à l'avance des logements près du Forum dans l'intention de briguer des charges dès leur arrivée. Plusieurs s'embarquèrent spontanément pour Lesbos, voulant annoncer à Cornelia la bonne nouvelle que la guerre était finie, car c'est là que Pompée avait envoyé sa femme.

Plutarque, *Pompée, 66,2-3*

Pompée décide de poursuivre César.

Pompée, ayant fait approuver cet avis, se mit à la poursuite de César, bien résolu à éviter de lui livrer bataille, mais à le harceler et à l'user par la disette en le serrant de près. Il croyait cette tactique utile, et, de plus, un mot d'ordre qui circulait parmi les cavaliers était venu jusqu'à lui, selon lequel il fallait

13. Peuple habitant entre l'Épire et la Thessalie.

défaire César pour éliminer ensuite Pompée lui-même. Quelques historiens voient même là la raison pour laquelle Pompée n'avait confié à Caton aucune mission d'importance.

Plutarque, *Pompée*, 67, 1-3

PHARSALE

Les préliminaires.

Pompée, dont le camp était sur une colline, établissait sa ligne de bataille presque au bas de la pente, attendant toujours, visiblement, que César s'engageât sur une position défavorable. César, voyant qu'il ne réussissait par aucun moyen à entraîner Pompée au combat, pensa que le meilleur plan de campagne était pour lui de lever le camp et d'être toujours en marche ; son but était, en changeant constamment de camp et en allant de différents côtés, de se ravitailler plus aisément en blé, de trouver peut-être en même temps, chemin faisant, quelque occasion d'engager le combat et de fatiguer par des étapes quotidiennes l'armée de Pompée, mal entraînée à l'effort. Cette décision prise, le signal du départ était déjà donné et les tentes pliées quand on vit que les lignes pompéiennes venaient, contre leur habitude journalière, de s'avancer à une certaine distance du retranchement, de sorte qu'il paraissait possible d'engager la lutte sans désavantage. Alors César, tandis que la colonne était déjà prête à sortir du camp, dit à ses soldats :

– Il nous faut remettre à plus tard notre marche ; c'est à la bataille que nous devons penser, cette bataille que nous avons toujours réclamée. Soyons tout prêts à combattre : nous n'en retrouverons pas facilement l'occasion.

César, *Guerre civile*, 3, 85

Le discours de Pompée à ses troupes.

Il ajouta :

– Je sais bien que je vous promets là quelque chose de presque incroyable ; mais écoutez le plan que j'ai formé, et vous marcherez au combat avec plus d'assurance. J'ai déterminé notre cavalerie, et elle s'est engagée à le faire, à attaquer, quand on sera arrivé plus près, l'aile droite de César, par le flanc découvert[1], à prendre à revers la ligne ennemie, et à mettre ainsi en fuite l'armée prise de panique avant que de notre côté nous ayons tiré sur l'ennemi un seul projectile. De cette façon, ce sera sans danger pour l'infanterie et presque sans pertes que nous terminerons la guerre. Et l'opération est des plus faciles tant est grande la supériorité de notre cavalerie.

César, *Guerre civile*, 3, 86

1. Le flanc droit, le bouclier étant porté au bras gauche.

L'ordre de bataille des pompéiens.

Sa ligne de bataille était constituée à peu près de la façon suivante : à l'aile gauche, les deux légions dont César s'était dessaisi au début de leur dissentiment pour obéir au sénatus-consulte ; l'une était la première, l'autre la troisième ; à cette aile se trouvait Pompée en personne. Le centre était tenu par Scipion avec ses légions syriennes. La légion de Cilicie ainsi que les cohortes espagnoles qu'Afranius avait, nous l'avons dit, amenées à Pompée, avaient été placées à l'aile droite. Ces troupes étaient les plus solides que Pompée croyait avoir. Il avait intercalé les autres entre le centre et les ailes, et avait ainsi complété l'effectif à cent dix cohortes[2]. Cela faisait quarante-cinq mille hommes, plus environ deux mille rengagés, *beneficiarii* [3] des anciennes armées qui étaient venus à lui et qu'il avait répartis sur toute sa ligne. Les autres cohortes, au nombre de sept, il les avait placées à la garde du camp et des points d'appui voisins. Son aile droite était couverte par un ruisseau.

César, *Guerre civile*, 3, 88

2. Une légion était formée de dix cohortes.
3. Soldats exemptés de corvées en raison de leur ancienneté.

L'ordre de bataille des césariens.

César, conservant son ordre de bataille habituel, avait placé la dixième légion à l'aile droite et la neuvième à l'aile gauche, bien que cette dernière eût été terriblement réduite par les batailles de Dyrrachium ; il lui adjoignit la huitième, de façon à former avec elles deux à peu près l'effectif d'une légion[4] : ordre leur était donné de se soutenir l'une l'autre. Il avait en ligne quatre-vingts cohortes qui, au total, comprenaient vingt-deux mille hommes ; il avait laissé sept cohortes à la garde du camp. Il avait donné le commandement de l'aile gauche à Antoine, celui de l'aile droite à P. Sylla, celui du centre à Cn. Domitius. Lui-même se plaça en face de Pompée. En même temps il se rendait compte du dispositif ennemi que nous avons exposé : craignant alors de voir son aile droite tournée par la nombreuse cavalerie adverse, il préleva vivement sur la troisième ligne une cohorte par légion, dont il forma une quatrième ligne qu'il opposa à la cavalerie.

César, *Guerre civile*, 3, 89

Les mots de passe

Les mots de passe étaient, pour César « Vénus victorieuse », pour Pompée « Hercule invincible ».

Appien, *Les Guerres civiles à Rome*, 2, 11, 76

4. Une légion comptait environ 6000 hommes.

Vénus est présente dans les deux camps.

Pendant la nuit, Pompée se vit en songe entrant dans son théâtre aux applaudissements de la foule et ornant lui-même de nombreuses dépouilles le temple de Vénus Victrix[5]. Cette vision, d'un côté, était encourageante, mais, de l'autre, assez inquiétante, car il craignait d'apporter lui-même la gloire et l'éclat de la victoire à César, dont la race remontait à Vénus.

Plutarque, *Pompée*, 68, 2-3

La tactique de Pompée…

Mais Pompée avait donné l'ordre à ses troupes d'attendre l'attaque de César sans quitter leurs positions et de laisser notre ligne se disloquer : il avait adopté cette tactique, disait-on, sur les indications de C. Triarius[6], de façon à briser le premier élan et la première ardeur de nos troupes, à créer des trous dans notre ligne, et à lancer à l'attaque sur des troupes en désordre des soldats qui auraient gardé leur formation. Il espérait aussi que les javelots arriveraient avec moins de force s'il maintenait ses troupes en place que si elles s'élançaient elles-mêmes au-devant des projectiles tirés contre elles, et aussi qu'après

5. À l'ouest de son théâtre, Pompée avait fait édifier, en 52, un temple à Vénus Victrix, Venus victorieuse.
6. Officier pompéien, commandant l'escadre d'Asie.

une course de longueur double les soldats de César seraient essoufflés et complètement harassés.

César, *Guerre civile*, 3, 92

… jugée par César.

Il nous semble, pour notre part, que Pompée eut tort d'agir ainsi, car une espèce d'ardeur de l'âme est un sentiment naturel et inné chez tout homme, et le désir de combattre l'enflamme. Ce sentiment, les chefs d'armée doivent non pas le réprimer, mais le favoriser, et ce n'est pas sans raison que s'est établi depuis la plus haute Antiquité l'usage que sonne de toutes parts le signal de l'attaque et que tous les soldats poussent de grands cris : on a pensé par là épouvanter l'ennemi et en même temps exciter la troupe.

César, *Guerre civile*, 3, 92

La tactique de César.

Quand César vit l'aile gauche des ennemis appuyée par une si importante cavalerie, craignant pour les siens l'éclat de leur armement, il fit venir six cohortes de la réserve et les plaça derrière la dixième légion, avec ordre de ne pas bouger et de ne pas se laisser voir aux ennemis, mais, quand les cavaliers chargeraient, de se précipiter à travers les premiers rangs, et, sans lancer leurs javelots, comme le font d'ordinaire les braves, pressés de dégainer leurs épées, de frapper en haut pour blesser les ennemis aux yeux et au visage : ces beaux danseurs de pyrrhique[7], à la fleur de l'âge et soucieux de leur beauté, ne résisteraient pas et n'oseraient même pas regarder en face le fer brandi devant leurs yeux.

Plutarque, *Pompée*, 69, 4-5

La déroute des pompéiens.

Mais, lorsque nos soldats, au signal donné, se furent élancés, le javelot en avant, et qu'ils se furent aperçus que les pompéiens restaient immobiles, instruits par l'expérience et formés par les précédentes batailles, ils ralentirent d'eux-mêmes leur allure et s'arrêtèrent à peu près au milieu du parcours pour ne pas être épuisés en abordant l'ennemi ; puis, quelques instants après, ils repartirent au pas de charge, lancèrent leurs javelots et dégainèrent rapidement, comme César le leur avait enjoint. Les pompéiens, sans doute, se montrèrent à la hauteur de la situation. Non seulement ils supportèrent la salve des projectiles ennemis, mais ils résistèrent au choc des légions, gardèrent leur formation et, après avoir lancé leurs javelots, tirèrent l'épée. En même temps la cavalerie, à l'aile gauche de Pompée, s'élança tout entière, selon les ordres reçus, et toute la foule des

7. La pyrrhique, danse en armes, qui figure au programme de nombreux concours grecs. César revient souvent sur le côté mondain, voire efféminé des soldats Pompéiens.

archers se répandit. Notre cavalerie ne résista pas à leur charge, elle fut refoulée et céda un peu de terrain ; la cavalerie pompéienne ne l'en pressa que plus vivement et commença à se déployer par escadrons et à tourner notre ligne par la droite. Lorsque César s'en aperçut, il donna à la quatrième ligne qu'il avait formée avec six cohortes le signal convenu. Ces troupes s'élancèrent aussitôt en avant et firent en colonnes d'attaque une charge si vigoureuse contre les cavaliers de Pompée qu'aucun d'eux ne résista : tous tournèrent bride et non seulement cédèrent du terrain, mais se mirent aussitôt à fuir précipitamment pour gagner les crêtes les plus élevées. Après leur déroute, tous les archers et les frondeurs, qui restaient sans défense ni protection, furent massacrés.

César, *Guerre civile*, 3, 93

Pompée réagit de façon surprenante.

Au moment où cette déroute eut lieu, Pompée, voyant s'élever un nuage de poussière, devina le désastre de sa cavalerie. Il serait difficile de dire quelles réflexions il fit alors, mais il avait tout l'air d'un homme pris de vertige ou de folie et ne se souvenait même plus qu'il était Pompée le Grand ; il ne dit mot à personne et rentra à pas lents dans son camp. [...]

Tel était Pompée lorsqu'il regagna sa tente, où il s'assit et resta muet jusqu'à l'instant où de nombreux ennemis, poursuivant les fuyards, pénétrèrent avec eux à l'intérieur du retranchement. Alors, prononçant cette seule parole : « Quoi ! jusque dans mon camp ! », sans rien ajouter d'autre, il se leva, mit un vêtement convenant à son présent malheur et sortit à la dérobée.

Plutarque, *Pompée*, 72, 1 et 3

Les Césariens dans le camp de Pompée.

En s'emparant du camp, les césariens purent constater la folle légèreté des ennemis : toutes les tentes étaient décorées de myrte et ornées de tentures fleuries ; les tables étaient chargées de coupes, et des cratères étaient là, remplis de vin. C'étaient là les luxueux apprêts d'un sacrifice et d'une fête solennelle plutôt que les préparatifs de guerriers en train de s'armer. Tellement les pompéiens étaient grisés par leurs espérances et pleins, en marchant au combat, d'une présomption insensée.

Plutarque, *Pompée*, 72, 5-6

Pompée rejoint sa femme.

Ayant fait escale à Amphipolis, il passa de là à Mytilène pour y prendre Cornelia et son fils[8]. Quand il eut abordé au rivage de l'île, il envoya à la ville un messager, chargé de nouvelles bien différentes de

8. Sans doute Sextus, fils de Pompée et de Mucia.

celles qu'attendait Cornelia, car, n'ayant reçu, par
lettre ou de vive voix, que des informations agréables,
elle s'imaginait que la bataille de Dyrrachium avait
mis fin à la guerre et qu'il ne restait à Pompée plus
rien à faire d'autre que de poursuivre César.

Plutarque, Pompée, 74, 1-2

Il décide d'aller chercher refuge en Égypte.

Au conseil qu'il tint à ce sujet, aucune province
ne paraissait devoir l'abriter. Quant aux royaumes,
il émit personnellement l'avis que celui des Parthes
était pour l'instant le plus propre à les recevoir et à
protéger leur faiblesse pour leur donner une nouvelle
vigueur et les renvoyer avec des forces considérables.
Les autres tournaient leurs pensées vers la Libye et
Juba[9]. Mais Théophane de Lesbos déclara :

— Ce serait folie de laisser de côté l'Égypte, qui
se trouve à trois jours de navigation, et Ptolémée, à
peine sorti de l'enfance, il est vrai, mais qui a une
dette d'amitié et de reconnaissance envers toi en
raison des services que tu as rendus à son père[10],
pour aller te confier aux Parthes, le plus perfide des
peuples : toi qui, pouvant occuper la seconde place
après un Romain qui a été ton beau-père, as renoncé
à être le premier des autres et à faire l'épreuve de la

---

9. Roi de Numidie, allié de Pompée.
10. Le roi régnant, Ptolémée XIV, avait treize ans. Pompée
avait effectivement soutenu son père Ptolémée Aulète.

clémence du vainqueur, tu irais te mettre au pouvoir
d'un Arsace[11] qui n'a même pas pu s'emparer de
Crassus vivant ! Et tu mènerais une jeune femme de
la maison de Scipion chez des barbares qui mesurent
leur puissance à leur insolence et à leur luxure ! N'en
recevrait-elle aucun outrage, ce serait déjà grave
qu'elle puisse passer pour en avoir reçu, en séjournant
chez des hommes capables de ce crime.

Ce dernier argument fut, dit-on, le seul qui dis-
suada Pompée de se diriger vers l'Euphrate, si toutefois ce fut bien la réflexion, et non pas un dieu,
qui lui fit prendre l'autre route.

Plutarque, *Pompée*, 76, 5-9

En Égypte, on délibère.

Ptolémée était alors très jeune, et celui qui dirigeait toutes les affaires, Pothin, assembla le conseil,
formé des personnages les plus puissants. […] Les
avis furent extrêmement différents : les uns voulaient chasser Pompée ; les autres, le faire venir et
l'accueillir. Mais Théodote,[12] désirant faire montre
de son art oratoire et de son talent, opina que ni
l'une ni l'autre de ces deux conduites n'était sûre :
s'ils le recevaient, ils auraient César pour ennemi et
Pompée pour maître ; s'ils le repoussaient, Pompée

11. La dynastie parthe des Arsacides régna de 250 à 224.
12. Théodote de Chios, rhéteur, qui faisait partie du Conseil
de régence du jeune roi Ptolémée.

leur en voudrait de l'avoir écarté, et César de l'avoir
soustrait à sa poursuite ; le mieux était donc, selon
lui, d'aller chercher Pompée et de le tuer, car ainsi
ils feraient plaisir à l'un et n'auraient pas à craindre
l'autre. Et il ajouta, dit-on, en souriant :

— Un cadavre ne mord pas.

Plutarque, *Pompée*, 77

La mort.

Le conseil ratifia cet avis et chargea Achillas de
l'exécution. Il prit avec lui un certain Septimius, qui
jadis avait servi comme officier sous les ordres de
Pompée, et un centurion nommé Salvius, ainsi que
trois ou quatre matelots, puis il se rendit en barque
au vaisseau de Pompée, où les plus considérés de
ses compagnons de route étaient montés pour voir
ce qui allait se passer. Quand ils s'aperçurent qu'au
lieu d'une réception royale, brillante et conforme
aux espérances de Théophane, quelques hommes
seulement s'avançaient sur une seule barque de
pêcheur, ils soupçonnèrent qu'on faisait de Pompée
peu de cas et lui conseillèrent de faire virer de bord
le navire pour regagner la haute mer, tandis qu'on
se trouvait encore hors de portée des flèches. Mais,
à ce moment, la barque approchait, et Septimius se
leva le premier pour saluer Pompée en latin du titre
d'*imperator*. Achillas le salua à son tour en grec et
l'invita à passer dans la barque, alléguant qu'il y avait

beaucoup de vase et que la mer encombrée de sable n'était pas assez profonde pour porter une trière. En même temps, on voyait des navires du roi qui appareillaient et des soldats qui garnissaient le rivage, de sorte qu'il était impossible, même si l'on changeait d'avis, de s'échapper. En outre, c'eût été fournir aux meurtriers par cette méfiance une justification de leur crime. Pompée embrassa Cornelia, qui par avance pleurait sa mort, et désigna pour descendre avec lui dans la barque deux centurions, un de ses affranchis, Philippus, et un esclave nommé Scythès, puis, au moment où Achillas, de la barque, déjà lui tendait la main, il se retourna vers sa femme et son fils et dit ces vers iambiques de Sophocle :

« Quiconque va trouver un tyran devient son esclave, même s'il est venu libre. »

Ce furent là les dernières paroles qu'il dit aux siens avant de passer dans la barque. Comme la distance de la trière à la côte était assez grande et qu'aucun de ceux qui naviguaient avec lui ne lui adressait un mot d'amabilité, il jeta les yeux sur Septimius et lui dit :

— Il me semble te reconnaître : n'es-tu pas un de mes anciens compagnons d'armes ? Septimius se contenta de faire un signe de tête affirmatif, sans dire un mot, sans lui témoigner aucun bon sentiment. Il se fit de nouveau un profond silence, pendant lequel Pompée, qui tenait à la main un petit rouleau où il avait écrit en grec un discours qu'il avait préparé

pour Ptolémée, se mit à relire ce texte. Lorsqu'ils
arrivèrent près de la terre, Cornelia, en proie à une
vive inquiétude, regardait toujours avec ses amis du
haut de la trière ce qui allait se passer, et elle commençait à se rassurer en voyant beaucoup d'officiers
du roi s'assembler vers le lieu du débarquement,
comme s'ils voulaient saluer Pompée et lui rendre
hommage. À ce moment, comme il prenait la main
de Philippus pour se lever plus facilement, Septimius,
par-derrière, lui passa son épée au travers du corps,
et, après lui, Salvius, puis Achillas dégainèrent. Et
lui, ramenant des deux mains sa toge sur son visage,
sans rien dire ni rien faire d'indigne de lui mais
en poussant un gémissement, il subit fermement
leurs coups. Il était âgé de cinquante-neuf ans, et
il finit sa vie le lendemain du jour anniversaire de
sa naissance.

Plutarque, *Pompée*, 78-79

La sépulture.

La tête de Pompée fut coupée et conservée par
Pothinos et son entourage pour César, dont ils espéraient de grandes compensations, mais qui leur fit
payer comme il fallait leur infamie[13] ; le reste de son
corps fut enseveli sur la côte par un inconnu qui lui
érigea également un tombeau modeste, où une autre

---

13. César fit mettre à mort les assassins de Pompée.

personne fit inscrire : « Pour qui de temples regorgea, quelle misère est celle de ce tombeau ! » Puis ce tombeau, avec le temps, fut tout entier recouvert par le sable ; toutes les statues de bronze, érigées ensuite en l'honneur de Pompée par ses partisans, et qui avaient été outragées puis transportées dans la partie secrète du sanctuaire, furent recherchées et retrouvées, de mon temps, lors d'un de ses voyages, par les soins de l'empereur romain Hadrien, qui fit nettoyer le tombeau, de façon à lui rendre son ancien lustre, et redresser les statues de Pompée lui-même.

Ainsi se termina donc la vie de Pompée, qui vint à bout des plus grandes guerres, rendit les plus grands services à l'Empire romain, fut pour cela nommé « le Grand » ; il n'avait jamais auparavant connu la défaite, il était resté invaincu et avait joui du plus grand succès depuis sa prime jeunesse, car, depuis l'âge de vingt-trois ans jusqu'à celui de cinquante-huit, il disposa sans cesse d'une puissance qui lui permit d'exercer le pouvoir de façon absolue, bien qu'il eût, par contraste avec César, la réputation de gouverner de façon républicaine.

Appien, *Les Guerres civiles à Rome*, 2, 12, 86

CHRONOLOGIE

106 Naissance de Cn. Pompée ,dans le Picenum.

91-88 « Guerre sociale » entre les Romains et leurs alliés italiens.

89 Strabo, le père de Pompée, obtient le triomphe et est élu consul.
Mithridate attaque les Romains en Asie mineure.

88 Début du conflit entre Marius et Sylla.

87 Dictature de Marius et Cinna.
Pompée fait ses débuts militaires auprès de son père.

83 Sylla revient de Grèce où il a combattu les armées de Mithridate. Pompée le rejoint avec trois légions.
Pompée épouse la fille du préteur Antistius.

81 Dictature de Sylla, qui envoie Pompée combattre en Libye les dernières armées marianistes.
Deuxième mariage de Pompée avec Aemilia, belle-fille de Sylla.

80 Soulèvement de Sertorius en Espagne.

79 À 27 ans, Pompée célèbre son premier triomphe.

77-71 Guerre contre Sertorius.

70	Deuxième triomphe et premier consulat de Pompée.
67	Guerre contre les pirates.
66-63	Guerre contre Mithridate.
62	Retour à Rome de Pompée, qui répudie sa troisième épouse, Murcia.
61	Troisième triomphe de Pompée.
60	Formation du triumvirat César-Crassus-Pompée.
59	Pompée épouse Julia, la fille de Jules César.
57	Pompée est préposé à l'administration de l'annone, c'est-à-dire du ravitaillement.
56	Accords de Lucques : renforcement du triumvirat.
55	Deuxième consulat de Pompée.
54	Mort de Julia.
53	Mort de Crassus.
	Pompée épouse, en cinquième mariage, Cornelia, veuve de Publicus, fils de Crassus.
	Il devient consul pour la troisième fois.
52	Victoire de César à Alésia.
50	Rupture avec César.
49	César franchit le Rubicon.
	Pompée passe en Grèce.
48	29 juin : bataille de Pharsale..
	16 août : assassinat de Pompée.

L'EXERCICE DU POUVOIR
DANS LA RÉPUBLIQUE ROMAINE

Le pouvoir est partagé entre les magistrats, le Sénat et les assemblées populaires (les comices)

1. Les magistrats

Les magistratures sont annuelles, électives et hiérarchisées. Elles sont gratuites.

Chaque année, les élections ont lieu au sein des comices. Il faut attendre plusieurs années avant de se présenter à l'échelon supérieur. Car le candidat doit suivre « une carrière des honneurs » *(cursus honorum)* pour parvenir aux fonctions les plus hautes.

Les échelons de ce cursus sont, par ordre ascendant, la questure, l'édilité, la préture puis le consulat.

Les élections ont lieu généralement en juillet, et l'entrée en charge survient le 1er janvier de l'année suivante.

a) Les questeurs :

— élus par les comices tributes.

— âge minimum : en 180 : 28 ans, en 80 : 30 ans.

— nombre : 10, en 80 : 20, en 45 : 40.

— attributions : ce sont les trésoriers : ils gardent le Trésor, encaissent les impôts, vérifient les comptes.

b) Les édiles :

— élus par les comices tributes.

— âge minimum : en 180 : 31 ans, en 80 : 36 ans.

— nombre : 2.

— attributions : ils surveillent les marchés, veillent à l'approvisionnement en blé (l'annone), dirigent la police, organisent les jeux publics et conservent les archives.

c) Les préteurs :

— élus par les comices centuriates.

— âge minimum : en 180 : 34 ans, en 80 : 40 ans.

— nombre : de 2 à 6, en 80 : 8.

— attributions : ils ont un rôle judiciaire, organisent les procès et président les tribunaux. Ils peuvent aussi commander une armée, convoquer le Sénat et les comices, proposer des lois et gouverner une province comme propréteurs.

d) Les consuls :

— élus par les comices centuriates.

— âge minimum : en 180 : 37 ans, en 80 : 43 ans.

— nombre : 2.

— attributions : ils sont responsables de l'ensemble de la politique, convoquent et président le Sénat et les comices centuriates, font exécuter les décisions du Sénat et des assemblées. Ils recrutent l'armée et dirigent les opérations militaires. Sorti de sa fonction, le consul est nommé, en principe pour cinq ans, proconsul, c'est-à-dire gouverneur d'une province. Il doit attendre dix ans avant de pouvoir se représenter au consulat.

Les autres magistratures ne relèvent pas du *cursus honorum*.

a) Les tribuns de la plèbe :

– élus par les comices tributes.

– âge minimum : 27 ans.

– nombre : 10.

– attributions : le tribunat de la plèbe est né de la célèbre sécession de 494. À l'origine, les tribuns ne sont pas de véritables magistrats. Ils défendent les intérêts des plébéiens. Ils ne peuvent quitter Rome, sont inviolables et jouissent du droit d'intercession, c'est-à-dire de veto, sauf à l'égard des décisions des censeurs. Ils peuvent faire arrêter et mettre en prison tous les magistrats, sauf le dictateur. Ils convoquent et président les assemblées du peuple et les comices tributes.

b) Les censeurs :

– élus par les comices centuriates pour dix-huit mois, tous les cinq ans.

– âge minimum : 44 ans.

– nombre : 2.

– attributions : les censeurs ont d'abord pour mission d'effectuer le recensement des citoyens, de dresser l'état des fortunes et de répartir les électeurs sur les listes des tribus et des centuries. Ils procèdent aussi au recrutement des sénateurs. Ils surveillent les dépenses de l'État et s'occupent des adjudications. Ils ont aussi en charge les mœurs publiques et privées, et distribuent des blâmes qui peuvent provoquer l'exclusion du Sénat ou de l'ordre équestre.

c) Le dictateur :

En cas de crise, le Sénat peut désigner un dictateur choisi parmi les anciens consuls. Il exerce tous les pouvoirs pour une période de six mois. Cette procédure a été abandonnée depuis la fin du IIIe siècle. Quand la dictature sera accordée à Sylla ou à César, elle le sera hors des règles anciennes.

Certaines magistratures sont dites « curules », parce que leurs titulaires ont droit à la chaise curule (en ivoire, les pieds en X). Il s'agit de la préture, du consulat, de la censure et de la dictature.

2. Le Sénat

a) Sa nature :

C'est un organe consultatif qui ne se réunit que lorsqu'il est convoqué par un magistrat. Mais sa consultation est nécessaire.

b) Sa composition :

À l'origine formé de patriciens, il accueille dès le IVe siècle des plébéiens riches. En 179, sur les 304 membres, 88 seulement sont patriciens. Sylla porte leur nombre à 600 en y introduisant des chevaliers ; et César, à 900.

Les sénateurs sont recrutés par les censeurs. Ce sont principalement les anciens magistrats, et la fonction n'est ni élective ni héréditaire. L'âge requis, 46 ans, passe à 30 ans sous Sylla.

Depuis 218, il est interdit aux sénateurs de se livrer à une activité commerciale.

c) Les séances du Sénat se déroulent généralement dans la Curie, mais peuvent aussi se tenir dans un temple. L'avis du Sénat est consigné sous la forme d'un sénatus-consulte.

d) Ses compétences :

– Il contrôle les magistrats et accorde les triomphes.

– Il approuve les lois votées par les comices et donne son avis sur les projets de loi.

– Il répartit les commandements.

– Il décide du *tributum* (l'impôt) et fixe les dépenses.

– Il dirige les affaires étrangères.

3. Les comices

Les comices sont les assemblées populaires au sein desquelles vote le citoyen romain. On distingue les comices curiates, les comices centuriates et les comices tributes.

a) Les comices curiates : datant de l'époque royale et réunissant les patriciens, ils perdent toute importance à l'époque républicaine.

b) Les comices centuriates :

– Selon leur fortune, les citoyens romains sont répartis en cinq classes censitaires. Chaque classe comporte un certain nombre de centuries, composées de façon fort inégales. Il y a, en tout, 193 centuries, dont 18 centuries équestres, et la 1ʳᵉ classe, celle des citoyens les plus riches, compte 80 centuries, ramenées à 70 au IIIᵉ siècle, alors que les classes pauvres, beaucoup plus fournies, ont moins de centuries : 20 pour la 4ᵉ classe, 30 pour la 5ᵉ classe. Comme chaque centurie comptait pour une voix, les plus fortunés étaient surreprésentés par rapport aux pauvres.

– Leurs compétences :

– Ils élisent les magistrats *cum imperio*, c'est-à-dire les préteurs et les consuls, ainsi que les censeurs.

– Ils votent les lois.

– Ils jouent le rôle de cour d'appel.

c) Les comices tributes :

– Les tribus marquent une division géographique : il y avait 4 tribus urbaines et 17 tribus rurales. Au milieu du IIIᵉ siècle, le nombre de tribus rurales atteint 31.

– Leurs compétences :

– Ils élisent les magistrats inférieurs (édiles, questeurs) et les tribuns de la plèbe.

– Ils votent les lois proposées par un magistrat.

– Ils jugent certains délits.

LES CLASSES SOCIALES À ROME

1) Les patriciens

Ce sont les citoyens qui appartiennent à une *gens*, c'est-à-dire qui se réclament d'un ancêtre commun. Ce sont les plus anciennes familles de Rome, comme la *gens* Cornelia, la *gens* Aemilia, la *gens* Julia, à laquelle appartenait César.

2) Les plébéiens

Leur histoire est celle d'une longue lutte pour obtenir l'égalité avec les patriciens, qui commence avec la célèbre sécession sur l'Aventin en 494, à la suite de laquelle ils obtiennent le droit d'être représentés par des tribuns. Au IIIe siècle, l'égalité des droits est théoriquement (sinon pratiquement) acquise. Il se crée peu à peu une aristocratie, moins fondée sur l'origine que sur la richesse.

3) Les chevaliers

Ce sont à l'origine ceux qui ont reçu de l'État un « cheval public », c'est-à-dire de quoi acheter un cheval pour servir dans la cavalerie. Par la suite, ce sont ceux qui, à partir du IIe siècle, ont été choisis par les censeurs pour faire partie de l'ordre équestre parce qu'ils ont une bonne moralité et un cens minimum de 400 000 sesterces. Il s'agit souvent de riches propriétaires, d'hommes d'affaires et de fermiers de l'État, les publicains. Depuis Caius Gracchus, en 123, ils ont obtenu d'occuper des fonctions de juges. Mais ils ne peuvent être sénateurs, depuis qu'une loi, en 218, interdit à ceux-ci de faire du commerce.

BIOGRAPHIES DES AUTEURS

Appien (95-160). Né à Alexandrie, de nationalité grecque, il vient à Rome et obtient, avec Hadrien, la citoyenneté romaine, ainsi que le statut de chevalier. D'abord avocat, il deviendra haut fonctionnaire, et procurateur du fisc sous Antonin. Il composa en grec plusieurs ouvrages, dont une *Histoire romaine* en 24 livres et *La Guerre de Mithridate*. Sa méthode est originale. Plutôt que de s'en tenir à une composition strictement chronologique, il préfère tracer le tableau des différentes nations depuis leur premier contact avec Rome jusqu'à leur absorption dans l'Empire romain. Il est le seul historien dont on ait gardé le récit complet de tous les événements qui se sont déroulés à Rome, des Gracques jusqu'à Sylla. Appien a le mérite de discerner l'importance du contexte économique et social sur le cours de la vie politique.

César (100-44). Issu d'une vieille famille patricienne qui se flattait de descendre de Vénus, César avait aussi des attaches avec le parti populaire, sa tante paternelle ayant été l'épouse de Marius. Lui-même épousera Cornelia, fille de Cinna, l'associé puis le successeur de Marius. Questeur en 68, édile en 65, préteur en 62, il devient, en 63, grand pontife, la fonction la plus éminente de la religion romaine. S'associant au richissime Crassus et à Pompée pour former le premier triumvirat, il conquiert la Gaule (de 58 à 52) et s'oppose à Pompée, qu'il vaincra en 48. Il a composé deux œuvres qui sont deux chroniques retraçant ses combats : *La Guerre des Gaules* et *La Guerre civile*. Certes, une objectivité de façade ne peut faire oublier qu'il fait sa propre apologie. Mais, outre des qualités littéraires évidentes, ses ouvrages apportent des éclairages intéressants, par exemple sur le déroulement de la bataille de Pharsale, et sur la campagne qui la précéda.

Cicéron (106-43). Né, la même année que Pompée, à Arpinum, dans le Latium, où naquit également Marius, appartenant à une famille de chevaliers, il fit une brillante carrière d'avocat. En 79, il effectua un assez long séjour en Grèce, où il suivit les cours de philosophes réputés : Antiochos d'Ascalon ou l'épicurien Zénon. Questeur en 76, affecté en Sicile, il y devint populaire et défendit, en 70, les Siciliens qui avaient été victimes des exactions du propréteur Verrès. Ses discours, ponctués par des attaques contre l'arrogance des nobles, lui valurent une grande notoriété. Consul en 63, il brisa le complot de Catilina et fit exécuter ses complices, ce qui lui valut une condamnation à l'exil en 57, à la suite des menées du démagogue Clodius. Rappelé à Rome, après avoir un peu louvoyé, il choisit de suivre Pompée, qui lui paraissait le meilleur garant de la survie de la République, et à qui il vouait une admiration sincère. Après Pharsale, et surtout après la mort de sa fille Tullia, il se consacra à la rédaction d'œuvres philosophiques, en se montrant un honnête vulgarisateur de la philosophie grecque. On a gardé de lui une œuvre abondante, des discours judiciaires, des traités, et une riche correspondance de plus de 1 000 lettres, qui reste un témoignage de premier plan sur la Rome du Ier siècle av. J.-C., avec une évocation très vivante de la vie publique, au jour le jour, dans un style qui traduit une grande spontanéité et une ample variété des centres d'intérêt.

Dion Cassius (vers 155-vers 235). Ce Bithynien né à Nicée, d'une illustre famille, connut une brillante carrière politique, puisqu'il fut le familier de l'empereur Septime Sévère ; il fut deux fois consul, en 205 et en 229. Il composa une monumentale histoire romaine en 80 livres, des origines à Septime Sévère, dont 25 nous sont parvenus intacts sur la période de 68 à 47 . Ayant un goût prononcé pour les longs discours qu'il prête aux personnages historiques, et pour les scènes dramatiques, il s'inscrit dans la tradition de Thucydide. Son œuvre présente l'intérêt majeur d'être une des seules qui nous restent sur la crise républicaine du Ier siècle av. J.-C., et l'auteur se garde de prendre rétrospectivement parti entre Pompée et César.

Flavius Josèphe (37-100). Historien juif, de langue grecque, né à Jérusalem, naturalisé romain. D'une famille sacerdotale, il prend le parti des Pharisiens. En 66, il participe à la révolte juive contre Rome. Prisonnier, il s'attire les faveurs du futur empereur Vespasien. Pendant la campagne de Titus contre Jérusalem, en 70, il sera son interprète. Ses deux livres marquants sont *La Guerre des Juifs* et *Les Antiquités judaïques.* Tout en manifestant une partialité évidente pour Rome, son œuvre témoigne, d'une façon générale, d'une véracité confirmée par les découvertes archéologiques. Il nous a laissé un récit détaillé de la prise de Jérusalem par Pompée.

Florus (Iᵉʳ siècle ap. J.-C. ; les dates de son existence sont incertaines). Historien et poète d'origine africaine, il a composé 4 livres d'un *Abrégé de l'histoire romaine*, depuis la fondation de la Ville jusqu'en 9 apr. J.-C. Deux subsistent. Il s'inspire très largement de l'œuvre de Tite-Live, mais il a aussi beaucoup emprunté à César et à Salluste. Avec un style assez vigoureux, il apparaît souvent comme un panégyriste de la grandeur de Rome.

Lucain (39-65 ap. J.-C.). Né à Cordoue, Lucain était le neveu de Sénèque. À Rome, il devient l'ami du jeune Néron, mais bientôt il est la victime de la jalousie littéraire de l'empereur, qui lui interdit de publier ses œuvres. Compromis dans la conjuration de Pison, il doit s'ouvrir les veines à 26 ans. D'une œuvre poétique abondante, il nous reste *La Pharsale*, qui narre, en hexamètres dactyliques, la guerre civile entre César et Pompée. Lucain oscille en permanence entre le réalisme et le merveilleux, et l'écriture est souvent ampoulée.

Plutarque (vers 46-vers 125). Il est né à Chéronée, en Béotie. Après avoir suivi des cours de rhétorique à Athènes, il séjourna à Rome et en Égypte avant de revenir à Chéronée, où il exerça avec conscience la fonction d'archonte dans sa ville ainsi que celle de prêtre d'Apollon à Delphes. Très prolixe, il composa 130 livres, dont 83 nous sont parvenus. On a coutume de retenir les biographies et les œuvres morales, mais il aborde de nombreux domaines : philosophie, théologie, sciences naturelles, rhétorique... Dans ses biographies, *Vies parallèles*, 23 au total, qui associent un Grec et un Romain, Plutarque estime que la vie des hommes illustres offre aux lecteurs des modèles lui permettant de réfléchir sur le sens d'une activité humaine qui doit être éclairée par une morale pragmatique où la piété et le bon sens ont une place prépondérante. Plutarque est un historien particulièrement intéressant pour l'histoire romaine au Ier siècle av. J.-C., puisqu'il a consacré des études à Pompée, à Marius, à Sylla, à Caton le Jeune, à César, à Cicéron.

Salluste (vers 87-36). Né à Amiternum, en Sabine. Questeur en 55, il est élu en 52 tribun du peuple et s'en prend violemment à Cicéron. Exclu du Sénat pour immoralité en 50, il commandera une flotte césarienne en Illyrie et sera défait par les pompéiens. Réintégré par César au Sénat en 48, il sera proconsul en Afrique, où il fera une fortune scandaleuse. Retiré de la vie politique après l'assassinat de César en 44, il rédigera l'histoire de *La Conjuration de Catilina*, *La Guerre de Jugurtha*, et des *Histoires* dont il ne reste que quelques extraits. On a souvent souligné l'acuité et l'originalité de ses analyses. Comme Thucydide, il entend expliquer les événements politiques et éclairer les motivations des acteurs. Bien qu'ayant été un protagoniste engagé il sait garder une certaine objectivité qui rend son témoignage particulièrement intéressant.

Strabon (vers 58 av. J.-C. - entre 21 et 25 ap. J.-C.). Géographe grec, né à Amaseia, au nord de la Cappadoce. Il effectua de longs séjours à Rome et en Egypte, et effectua de nombreux voyages dans l'empire romain. Il composa une Histoire abondante, qui faisait suite à l'Histoire de Polybe, historien grec du IIᵉ siècle av. J.-C. Cette Histoire a été perdue. En revanche, on a conservé sa *Géographie* en 17 livres, où il s'efforce d'étudier les relations des hommes et de leur milieu naturel.

Suétone (70-122). Issu de l'ordre équestre, avocat puis juge, il va être protégé par Pline le Jeune, qui lui permet de devenir en 119 secrétaire *ab epistulis,* c'est-à-dire responsable de la correspondance de l'empereur Hadrien. Mais, en 122, il est exilé à la suite d'une intrigue de cour, et l'on perd sa trace. D'un style sobre et précis, ses biographies-Il a composé les *Vies des douze Césars*, de César à Domitien- offrent un intérêt certain, car il eut l'occasion, par sa fonction, d'avoir accès à toutes les archives impériales.

Velleius Paterculus (vers 19 av. J.-C. - vers 31 ap. J.-C.). Issu d'une vieille famille campanienne, il sera tribun militaire en Thrace et en Macédoine, puis sera légat de Tibère en Germanie. À Rome, il sera questeur en 6 ap. J.-C., puis préteur en 15. Il va composer une *Histoire romaine* en deux volumes, depuis les origines jusqu'au règne de Tibère. Son œuvre reflète la rhétorique de l'époque mais est marquée par des raccourcis vigoureux et par des portraits remarquables, dont celui de Pompée.

BIBLIOGRAPHIE

Les traductions des auteurs anciens cités sont extraites d'ouvrages publiés aux Belles Lettres.
La traduction des extraits des livres 36 à 39 de Dion Cassius proviennent de l'édition Didot de 1864.
Celle des extraits du livre 14 des Antiquités judaïques *est de Julien Weill sous la direction de Théodore Reinach, 1900. Ces deux traductions ont été remaniées par Claude Dupont.*

APPIEN
Histoire romaine
Tome VII : *Livre XII. La Guerre de Mithridate.* Texte établi et traduit par P. Goukowsky. Collection des Universités de France, Paris, 2001. 2ᵉ tirage 2003.
Tome VIII : *Livre XIII. Guerres civiles, livre I.* Texte établi et traduit par P. Goukowsky, annoté par F. Hinard. Collection des Universités de France, Paris, 2008.
Les guerres civiles à Rome. Livre I. Traduction de J.-I. Combes-Dounous revue et annoté par C. Voisin. Introduction, révision et notes de Ph. Torrens. Collection La Roue à Livres, Paris, 1994.
Les guerres civiles à Rome. Livre II. Traduction de J.-I. Combes-Dounous. Introduction et bibliographie de Ph. Torrens. Collection La Roue à Livres, Paris, 1993.

Cᴇ́sᴀʀ

Guerre civile. Texte établi et traduit par P. Fabre.

Tome I : *Livres I-II.* Collection des Universités de
   France, Paris, 1936. 9ᵉ édition revue et corrigée
   par A. Balland 1997. 3ᵉ tirage de la 9ᵉ édition
   2006.

Tome II : *Livre III.* Collection des Universités de
   France, Paris, 1936. 8ᵉ édition revue et corrigée par
   A. Balland 1997. 3ᵉ tirage de la 8ᵉ édition 2010.

Guerre des Gaules. Texte établi et traduit par L.-A.
   Constans.

Tome II : *Livres V-VIII.* Collection des Universités
   de France, Paris, 1926. 14ᵉ édition revue et
   corrigée par A. Balland 1995. 3ᵉ tirage de la 14ᵉ
   édition 2008.

Cɪᴄᴇ́ʀᴏɴ

Brutus. Texte établi et traduit par J. Martha.
   Collection des Universités de France, Paris,
   1923. 6ᵉ tirage 2003.

Correspondance. Edition complète en 11 volumes,
   Collection des Universités de France, Paris.

Discours.

Tome II : *Pour M. Tullius. - Discours contre Q. Caecilius,
   dit « La Divination ». - Première action contre C.
   Verrès. - Seconde action contre C. Verrès. - Livre I. La
   Préture urbaine.* Texte établi et traduit par H. de
   La Ville de Mirmont. Collection des Universités
   de France, Paris, 1922. 2ᵉ tirage 2002.

Tome VI : *Seconde action contre C. Verrès. - Livre V. Les Supplices*. Texte établi par H. Bornecque et traduit par G. Rabaud. Collection des Universités de France, Paris, 1929. 5e tirage 2002.

Tome VII : *Pour M. Fonteius. - Pour A. Cécina. - Sur les pouvoirs de Pompée*. Texte établi et traduit par A. Boulanger. Collection des Universités de France, Paris, 1929. 5e tirage 2002.

Tome XI : *Pour L. Muréna. - Pour P. Sylla*. Texte établi et traduit par A. Boulanger. Collection des Universités de France, Paris, 1943. 2e tirage 2002.

Tome XIII, 1re partie : *Au sénat. - Au peuple. - Sur sa maison*. Texte établi et traduit par P. Wuilleumier. Collection des Universités de France, Paris, 1952. 2e tirage 2002.

Tome XV : *Pour Caelius. - Sur les provinces consulaires. - Pour Balbus*. Texte établi et traduit par J. Cousin. Collection des Universités de France, Paris, 1962. 5e tirage 2008.

DION CASSIUS
Histoire romaine

Livres XLI et XLII. Texte établi par M.-L. Freyburger-Galland, traduit et annoté par F. Hinard et P. Cordier. Collection des Universités de France, Paris, 2002.

Livres 40-41 (César et Pompée). Introduction, traduction et notes par M. Rosellini. Collection La Roue à Livres, Paris, 1996.

Florus

Œuvres. Texte établi et traduit par P. Jal.

Tome I : *Livre I.* Collection des Universités de France, Paris, 1967. 2ᵉ tirage 2002.

Tome II : *Livre II. Fragments.* Collection des Universités de France, Paris, 1968. 2ᵉ tirage 2002.

Lucain

La Guerre civile (La Pharsale)

Tome I : *Livres I-V.* Texte établi et traduit par A. Bourgery. Collection des Universités de France, Paris, 1927. 2ᵉ tirage revu et corrigé par P. Jal. 1997. 6ᵉ tirage 2003.

Tome II : *Livres VI-X.* Texte établi et traduit par A. Bourgery et M. Ponchont. Collection des Universités de France, Paris, 1930. 6ᵉ tirage revu et corrigé par P. Jal 1993. 7ᵉ tirage 2003.

Plutarque

Vies. Texte établi et traduit par R. Flacelière et E. Chambry.

Tome V : *Aristide-Caton l'Ancien. Philopoemen-Flamininus.* Collection des Universités de France, Paris, 1969. 2ᵉ tirage 2003.

Tome VI : *Pyrrhos-Marius. Lysandre-Sylla.* Collection des Universités de France, Paris, 1971. 2ᵉ tirage 2003.

Tome VII : *Cimon-Lucullus. Nicias-Crassus.* Col-

lection des Universités de France, Paris, 1972.
2ᵉ tirage 2003.

Tome VIII : *Sertorius-Eumène. Agésilas-Pompée.* Collection des Universités de France, Paris, 1973.
2ᵉ tirage 2003.

Tome IX : *Alexandre-César.* Collection des Universités de France, Paris, 1975. 2ᵉ tirage 2003.

Tome X : *Phocion-Caton le Jeune.* Collection des Universités de France, Paris, 1976. 2ᵉ tirage 2003.

Tome XII : *Démosthène-Cicéron.* Collection des Universités de France, Paris, 1976. 2ᵉ tirage 2003.

SALLUSTE

La Conjuration de Catilina. La Guerre de Jugurtha. Fragments des Histoires. Texte établi et traduit par A. Ernout. Collection des Universités de France, Paris, 1941 ; 13ᵉ tirage revu et corrigé par J. Hellegouarc'h 1999. 16ᵉ tirage 2003.

STRABON

Géographie

Tome III : *Livres V-VI. (Italie-Sicile).* Texte établi et traduit par F. Lasserre. Collection des Universités de France, Paris, 1967. 2ᵉ tirage 2003.

SUÉTONE

Vies des douze Césars. Texte établi et traduit par H. Ailloud.

Tome I : *César-Auguste*. Collection des Universités de France, Paris, 1931. 8ᵉ tirage 2007.

César-Auguste. Texte établi et traduit par H. Ailloud. Introduction et notes par F. L'Yvonnet. Collection Classiques en poche, Paris, 2008.

VELLEIUS PATERCULUS
Histoire romaine
Tome II : *Livre II*. Texte établi et traduit par J. Hellegouard'h. Collection des Universités de France, Paris, 1982. 2ᵉ tirage 2003.

CARTE

SCYTHIE

DACIE

Panticapée

CHERSONÈSE

COLCHIDE

NNONIE

Danube

PONT EUXIN

Araxe

Artaxata

ILLYRIE

Dyrrachium

MACÉDOINE

THRACE

Propontide

BITHYNIE

PAPHLAGONIE

LE PONT

ARMÉNIE

Tigre

COMMAGÈNE

MÉSOPOTAMIE

Euphrate

apoue

ALIE

Brindes

UCANIE

Hellespont

Chios

THESSALIE

Pharsale

Thèbes

MER ÉGÉE

ASIE

Mytilène

GALATIE

Corinthe

Athènes

ACHAÏE

Ile de Pharmacuse

Sparte

Éphèse

Milet

PAMPHYLIE

CILICIE

Antioche

SYRIE

racuse

Rhodes

CHYPRE

PALESTINE

PHÉNICIE

TRACHONITIDE

CRÈTE

MER MÉDITERRANÉE

Jérusalem

Canope

Alexandrie

LIBYE

ÉGYPTE

Nil

TABLE

Introduction 7
La jeunesse. 11
Une époque de guerres civiles 19
Lieutenant de Sylla 35
La guerre contre Sertorius 49
Le premier consulat 65
L'expédition contre les pirates 71
La guerre contre Mithridate. 79
Le retour à Rome. 101
Le triumvirat. 115
Le renforcement du triumvirat. 131
La rupture du triumvirat 137
La guerre. La campagne d'Italie 151
De la Gaule à la Grèce 161
Pharsale. 171

Chronologie. 187
L'exercice du pouvoir dans la République
    romaine 189
Les classes sociales à Rome. 195
Biographies des auteurs 197
Bibliographie 205
Carte 211

Ce volume,
le neuvième
de la collection
La véritable histoire de,
publié aux Éditions Les Belles Lettres,
a été achevé d'imprimer
en janvier 2011
sur les presses
de la Nouvelle Imprimerie Laballery
58500 Clamecy

N° d'éditeur : 7189 – N° d'imprimeur : 101112
Dépôt légal : février 2011
Imprimé en France